犀の角のようにただ独り歩め

——「スッタニパータ」

転換期を生きるきみたちへ

晶文社

装丁　アジール（佐藤直樹＋遠藤幸）

まえがき

みなさん、こんにちは。内田樹です。

この本は僕の存じ上げている信頼できる書き手の方に寄稿をお願いして作り上げた論集です。これまでに、同じ出版社、同じ編集者で、二冊本を出しました。これが三冊目となります（前の二冊は『街場の憂国会議』と『日本の反知性主義』です）。これまでと違うのは、「中高生を読者に想定して」と限定したことです。

どうして、そういうことになったのか、その事情を説明するために、まず寄稿者の方々に僕から送った「寄稿のお願い」の手紙を採録しておきます。


みなさん、こんにちは。内田樹です。

晶文社から手紙が届いたので、「もしかすると……」とお考えになった方が多いと思いますが、ご賢察の通りです。『街場の憂国会議』、『日本の反知性主義』に続く、三冊目のアンソロジーへの寄稿のお願いです。
刻下《こっか》のわが国の政治・経済・メディア・学術・教育……どの領域を見ても、「破綻《はたん》寸前」というのがみなさんの現場の実感ではないかと思います。私たちは、自分が生きているうちに「そんなこと」に遭遇《そうぐう》するとは想像していなかったような歴史的転換期に足を踏み入れています。このような局面に際会したとき、私たちが果たさなくてはならない最優先の仕事は「今何が起きているのか、なぜそのようなことが起きたのか、これからどう事態は推移するのか」を責任をもって語ることだと思います。とりわけ若い人たちに向けて、それをしっかりと伝えることだと思います。

今回のアンソロジーは晶文社の安藤聡《あきら》さんからご提案頂いたものですが、読者を「中高生」に特定して、これからこの転換期を生きてゆかなければならない少年少女たちに、彼らが生き延びるために少しでも役に立ちそうな知見を贈ることを編集目的にしています。その趣旨をうかがって私もそれに深く同意しました。

何より、「中高生対象」というふうに読者の年齢と知的経験値を限定して書くというアイディアが気に入りました。そういう条件だと、どうしても話が「根源的」にならざるを得ないからです。「大人」同士であれば通じている（つもりでいる）符牒《ふちょう》が若い人たち相手には通じないということがあります。「国家とは何か」、「貨幣とは何か」、「市場とは何か」、「家族とは何か」……「大人」たちはそういう根源的な問いを回避したまま、それについて語っていますけれども、それらの術語について、あらためて「子どもにでもわかるように解説してください」と言われると、「大人」たちのおおかたは絶句してしまう。

例えば、今の日本の政治家たちに向って、「国民国家とは何か、その成立要件は何か、それはどのような歴史的条件の下で成立し、どのような条件下で消滅するのか」を問うても即答できる人はほとんどいないと思います。でも、「転換期」というのは、まさしくそのような「あって当たり前」の制度文物が安定的な基礎を失って、あるいは瓦解《がかい》し、あるいは状況に適応すべく劇的に変貌《へんぼう》する局面のことです。

転換期には、ものごとを根源的に考えることが要請されます。

そして、いつの時代でも、若い人たちにものごとの成り立ちを誠実に説明しようとしたら、根源的な問いを忌避することは許されない。つまり、転換期において、若い人たちに向って、「今起きていることを説明し、生き延びる道筋を示唆する」という仕事は、私たちに二重に根源的であることを要請するということです。これはそう考えると、ずいぶんやりがいのある仕事ではないかと私は思います。

寄稿をお願いしたみなさんは、それぞれのご専門の立場にあって、「転換期を若い人が生き延びるための知恵と技術」について有用な経験的知見をお持ちだと思います。それをぜひ彼らに「贈り物」として差し出して頂きたい。それが今回の企画意図です。

どなたもたいへんにご多用であることは私も重々承知しております。しかし、私たちの知っている日本という国が「何か別のもの」になるリスクが指呼《しこ》の間に迫っている、今はそういう危機的局面だと私は理解しています。だからこそ、少年少女たちが見晴らしのよい視座から、ひろびろとものを見ることができるように一臂《いっぴ》の支援をしたいと願うのです。拝して寄稿のご協力をお願いする次第です。

なお、本書の寄稿者にはこれまでの二冊のアンソロジーにご協力頂いたみなさんの他に、何人かご都合でご寄稿頂けなかった方々にもお声がけするつもりでおります。事務的な連絡は安藤さんの方からお話があると思います。どうぞよろしくご検討ください。

以上が、僕から寄稿者の方々への手紙の全文です。物書き同士でのやりとりなので、中高生の語彙にはなさそうな漢字や熟語が使ってありますけれど、そこはご容赦ください。この手紙を今年（2016年）の1月に出しました。ほとんどの方が「書きます」とすぐにご返事下さいました。

寄稿者の方々にどういう主題について書いて頂くのか、事前には何も決めませんでした。

「あなたにはこれについて書いて欲しい」というようにあらかじめ決めておけば、編集の仕事は効率的に運びますし、同じ主題が重複することもないでしょうが、僕がお願いしたのは、「今中高生に言いたいこと」が何か頭に浮かんだら、それをそのまま書いてくださいということだけでした。選んで頂く主題は、政治の話でも構わないし、市場や貨幣の話でも、文学や音楽や映画の話でも構わない。家族や性の問題でも構わない。あるいは、「どうして君たちは姿勢が悪いのか」とか「どうして君たちはまわりの友人の学習意欲を殺《そ》ぐことについては異常に熱心なのか」とか（これは僕が「書こうかな」と一瞬思った主題です）、どんなことについて書いてもらっても構わない。できるだけ、主題の選択が水平方向にも、垂直方向にも「ばらけている」論集になったらいいな、と思っていました。

幸い、集まった論考を読んだら、憲法について、国家について、科学について、人口について、中年の危機について、空気について、消費者マインドについて、弱さや不便さに基づいた生き方について、言葉について……などなど、実に多様な主題が選択されていました。

寄稿者の方々から送られてきた原稿を通読して僕が個人的に興味を持ったのは、書き手が「読者の理解度」をどのレベルに設定しているのかが微妙に違っているということでした。「中高生というのは、どの程度までの難度のものなら理解できるのか？」についての判断にはひとりひとりかなりの差があります。そう言われてみれば当たり前のことですけれども、それでも、そのばらつきに僕は軽い衝撃を受けました。そして、ちょっとうれしくなりました。

とにかく分かりやすさを心がけて、語彙や事例も「中高生になじみ深いもの」を選ぼうと努めている書き手もいるし、「中高生ならこれくらいのことは理解できていいはずだから、ふだん通りにやらせてもらうよ」というちょっと突き放したスタイルの書き手もいる。ですから、このアンソロジーは多様性ということについてはかなりよい点を与えられる出来になったと編者としては思っています。こちらには朗々と演説している人がいて、こちらでは小声で語り聴かせている人がいて、こちらでは独り言を言っている人がいて……というような「ばらつき」は僕の偏愛するところなのですが、それは長く学校の先生をやってきて、しみじみと身にしみたことです。「まえがき」の場を借りて、「ばらつきの効用」について一言だけ思うところを書き記しておきたいと思います。

この世に「最低の学校」というのがあるとすれば、それは教員全員が同じ教育理念を信じ、同じ教育方法で、同じ教育目標のために授業をしている学校だと思います（独裁者が支配している国の学校はたぶんそういうものになるでしょう）。でも、そういう学校からは「よきもの」は何も生まれません。これは断言できます。とりあえず、僕は、そんな学校に入れられたら、すぐに病気になってしまうでしょう（病気になる前に、窓を破っても、床に穴を掘っても、脱走するとは思いますが）。僕はそういう「閉所的」な空間に耐えることができません。どんな場所であれ、そこで公式に信じられていることに対して「それ、違うような気がするんですけど」という意思表示ができる権利が確保されていること、それが僕にとっては、呼吸して、生きていけるぎりぎり唯一の条件です。

勘違いしないで欲しいのですが、「僕の言うことが正しい」と認めて欲しいわけではないのです。僕が間違っている可能性だってある（だってあるどころかたいていの場合、僕は間違っています）。それでも、みんなが信じている公式見解に対して、「あの、それ、違うような気がするんですけど」と言う権利だけは保証して欲しい。「僕が正しい」とみんなに認めて欲しいのと違うのです。ただ、正しい意見に対して、「それは違うと思う」と言っても処罰されない保証を求めている、それだけです。

教師も生徒も、全員が同じ正しさを信じていて（信じることを強いられていて）、異論の余地が許されていない学校は、知的な生産性という点から言うと、最低の場所になるでしょう。そういう学校から、多様な個性や可能性を備えた若者たちが次々と輩出してくるということは決してないと僕は思います。というのは、知的な生産性というのは「正しい／間違っている」という二項対立とは別のレベルの出来事だからです。

ほんとうに新しいもの、ブレークスルーをもたらすものは、いつだって「思いがけないもの」です。そんなものが存在するとは誰も思っていなかったものです。それが、そんなところから何かが生まれるなんて誰も思ってもいなかった場所から生まれ出てくる。そういうものなんです。いつだって、そうなんです。ほんとうに新しいものは、思いもかけないところから生まれてくる。

ですから、知的生産性という点からすると（もう三回目ですけれど、実は僕はこの言葉があまり好きじゃないんです……）、学校が多産であるためには、「そんなところから何か価値あるものが生まれて来るとは誰も予測していなかった場所」がたくさんあることが必要だということです。薄暗がりとか、用途のわからない隙間とか、A地点からB地点にゆく場合の最短ルートとは別の迂回《うかい》ルートとか、坐り込んだら気分よくて立てなくなってしまうソファーとか、意味もなく美しい中庭とか……そういう「何の役に立つのかよくわからないもの」たちが群生しているのが知的空間としては極上だと僕は思います。これは僕が長く生きてきて得た経験的確信です。

ですから、この本もまた一つの学校のようなものだと思って読んで頂ければ僕としては、とてもうれしいです。この本には「公式に共有された正しいこと」はありません。書き手たちの唯一の共通了解点は「中高生たちに今すぐ伝えたいことがある」という現状認識だけです。それだけは共通しています（それが共有されなければ、そもそも寄稿してくれません）。でも、「伝えたいこと」は全員ばらばらです。僕はそれでいいと思います。というか、「それがいい」と思います。

この学校では、いろんな先生が、いろんな教科を、いろんな口調で教えています。教育方法も、教育目標も、全員が違います。共通するのは、全員がみなさんの知的な成熟を願っているということです。

タイトルにある「転換期」というのは、世の中の枠組みが大きく変化する時代のことです。みなさんの事情に即して言えば、転換期とは「短期間に成熟することを求められている時代」のことです。すぐ大人にならないと生き延びることが難しい時代のことです。そういう状況にみなさんは投じられています（気の毒ですけど）。

もっと安定的な時代でしたら、大人たちの言うことを、わからないなりに黙って聞いて従っていれば、それほど大きなリスクを背負うことはないのですけれど、転換期は違います。転換期というのは、大人たちの大半が今何が起きているのかを実は理解できていない状況のことです。だから、大人たちが「こうしなさい」「こうすれば大丈夫」と言うことについても、とりあえず全部疑ってかかる必要がある。今は「マジョリティについて行けばとりあえず安心」という時代ではないからです。社会成員の過半数がまっすぐに崖に向かって行進しているということだっておおいにありうるのです。

ですから、この本に書かれていることだって（今僕が書いているこの言葉を含めて）、みなさんは基本的には「全部疑ってかかる」必要があります。「大人の言うことだから信じる」という態度も「大人の言うことだから信じない」という態度も、どちらも単純すぎて、知的成熟にとっては何の役にも立ちません。だから、まず疑ってかかる。でも、疑うというのは「排除する」とか「無視する」ということとは違います。「頭から信じる」でもなく、「頭から信じない」でもなく、信憑性をとりあえず「かっこに入れて」、ひとつひとつの言葉を吟味するということです。そうすればおそらくみなさんは「なんとなく、身にしみ入る言葉」と「なんとなく、違和感がする言葉」を識別できるはずです。それくらいの判断力は生物である限りは備わっています。原生動物だって、「自分を食べに来る捕食者」と「自分が食べる餌」の区別くらいはできます。原生動物に出来ることが人間に出来ないはずはない。まずはそこから始めて欲しいと思います。

本の内容については、とりあえずどうでもいいです。理解できなくても、共感できなくても、別に僕はいいです。それよりも、世の人たちは「中高生に向かって言いたいことがあれば言って下さい」というリクエストにずいぶんいろいろな文体で、いろいろな回答をしてくるものだな、という事実をまずそのまま受け止めて欲しいと思います。そして、この多声的な環境こそが僕たちからみなさんへの「贈り物」なのだということを（いつか、でいいですから）分かってくれたらうれしいです。

最後になりましたが、お忙しい中寄稿してくださった書き手のみなさんのご協力に心から感謝いたします。編集の労をとってくださった晶文社の安藤聡さんの忍耐と雅量にも改めてお礼を申し上げます。

2016年6月

内田樹

転換期を生きるきみたちへ　目次

表と裏と表——政治のことばについて考えてみる　高橋源一郎

人口減少社会について根源的に考えてみる　平川克美

13歳のハードワーク　小田嶋隆

消費社会とは何か――「お買い物」の論理を超えて　白井聡

「国を愛する」ってなんだろう？　山崎雅弘

「中年の危機」にある国で生き延びるために　想田和弘

社会に力がついたと言えるとき　鷲田清一

身体に訊く

――言葉を伝えるとはどういうことか

内田樹

内田樹（うちだ・たつる）
1950年、東京都生まれ。東京大学文学部仏文科卒業。東京都立大学大学院博士課程中退。凱風館館長。神戸女学院大学文学部名誉教授。専門はフランス現代思想、映画論、武道論。著書に『ためらいの倫理学』（角川文庫）、『「おじさん」的思考』『街場の憂国論』（共に晶文社）、『先生はえらい』（ちくまプリマー新書）、『修業論』（光文社新書）、『内田樹による内田樹』（140B）、『街場の戦争論』（ミシマ社）、『最終講義』（文春文庫）、『困難な成熟』（夜間飛行）など多数。『私家版・ユダヤ文化論』（文春新書）で第6回小林秀雄賞、『日本辺境論』（新潮新書）で新書大賞2010受賞。第3回伊丹十三賞受賞。

成熟してゆく上で最もたいせつなこと

みなさん、こんにちは。内田樹です。

このアンソロジーの企画意図については「まえがき」で書きましたので、だいたいのことはお分かり頂けたと思います。僕は自分の担当として「言葉を伝える」とはどういうことかについてお話をしたいと思います。ずいぶん抽象的なトピックだと思われるでしょうけれど、これはきわめて本質的なことなんです。みなさんがこれから成熟してゆく上で回避することのできない最重要のことなんです。「言葉を伝える」ということがどういうことかわからない人は、どんな社会活動を企ててもうまくゆきません。政治でもビジネスでも学術でも芸術表現でも。

だから、「中高生に伝えておきたいたいせつなこと」をいろいろな書き手にお願いして書いて頂いたこの論集の意義を十分に理解して頂くためにも、「言葉を伝えるとはどういうことか」という原理的な問いを扱うことにしました。

今僕はこうして言葉を書き連ねているわけですけれど、この言葉が果たして読者のみなさんに届いているのかどうかはわかりません。でも、「届いているかどうか」ということは、言葉の内容が「正しいかどうか」より「有益かどうか」よりも、はるかに根源的な問題です。

だって、僕がどれほど立派なことを書いても、読者に「意味わかんねえ」と言われて、ぽいと捨てられてしまっては、それっきりですから。まるで書いた甲斐《かい》がありません。

世の中には「読者に読まれようと、読まれまいと、関係ないね。オレは自分が書きたいことだけを書くから」という豪快な書き手もいるかも知れません。でも、僕は違います。僕は書く以上は読んでほしいし、理解してほしいし、できれば共感してほしい。今書いているこの言葉がひとことひとこと読者に「ふむふむ」としみ込むようであってほしい。

それが非常に難しい仕事だということはわかっています。というのは、人間というのは外から入ってきた情報を「採り入れる」ことと「採り入れないこと」では「採り入れないこと」を優先する生き物だからです。まずその話からします。

世界はノイズに満ちている

生き物には「できるだけよけいな情報を採り入れない」という機能が初期設定されています。「情報を採り入れる」ではなく「採り入れない」です。それだけ聞くと変な話のように思えるかも知れませんが、よく考えれば、それが当然なんです。世界は無数の「ノイズ」に満たされています。そのすべての入力に対して均等な注意を払っていたら、身体がもちません。ノイズはカットして、自分にとってほんとうに意味のある情報だけを選択的に採り入れるように人間の知性は構造化されています。基本のモードは「人の話を聞かない」なんです。生き物としては、それで正しい。だから、「ぼんやりしているうちに、ついうっかり親の説教を最初から最後まできちんと聴いてしまった」とか「ぼんやりしているうちに、ついうっかり授業を最初から最後まで注意深く聴いてしまった」というようなことは絶対に起こりません。疲れていたり、睡眠不足で注意力が低下しているときは、残された有限な注意力はすべて「ノイズをカットする」ことに投じられるんですから。

ですから、僕の書いているこの言葉が「ノイズ」だと判定されたら、そこで「おしまい」です。誰も読まない、誰も耳を傾けてくれない「空語」があてどなく空中を漂うだけです。

でも、この「ノイズ認定」は別にみなさんが「どうもウチダの話は面白くなさそうだから、聴くの止めよう」というふうな査定の手続きを経たのちに行われるわけではありません。みなさん自身は「ノイズかノイズでないか」の判定を自分ではしていない。その選別作業は、何も考えないうちに、あっという間に自動的に行われてしまうのです。「パーティ効果」ってご存じですか。何十人も人がいて、おしゃべりしている騒音の中でも、自分の名前を誰か口にしたときは、わかる。それだけは聞き逃さない。それができるのは意味のないノイズも意味のあるシグナルも含めて、すべての入力を超高速でスキャンしているレベルがあるからです。そのスキャニングにヒットした情報だけが聞こえる。ヒットしない情報はすべてカットされる。この選別作業の手際の良さと精度はたいしたものです。

学生に授業を寝かせず聴かせる方法

僕は長く教師をしていました。だから、教壇から僕が話している言葉が「ノイズ」認定されて、ぴたりと耳が閉じて、誰も僕の話を聴かなくなる瞬間がどういうものかは身を以て味わい(尽くし)ました。それはいわば透明な壁が僕と学生たちの間に建てられて、両者を遮断しているというような感じです。透明な壁ですから、お互いに顔は見えるし、声も聞こえている。でも、言葉の輪郭がぼやけてしまっていて、何を言っているのかは、わからない。

新米教師だった頃は授業がちゃんとできるかどうか不安でしたので、分厚いノートを作ってから授業に臨みました。そして、そのノートを必死になって読み上げ、たいせつなことを板書しました。そして、ふっと振り返ると、教室中の学生が全員机につっぷして寝ていた……というような痛ましい経験を何度もしました。一番前に座っていた学生は、なんとか眼を見開いて授業を聴こうと必死の努力をしているのですが、どうしても眼を開き続けていられない。ときどき「はっ」と我に返って、ノートを取り続けようとペンを持ち直すのですが、雪崩のように押し寄せる睡魔に抗し切れず、再び「がっくり」と突っ伏してしまう。ペンはそのまま白いノートに斜めの線を書いて止まる……。

雪山で遭難しかけている仲間に向かって、先輩のアルピニストが「眠るな! 眠ったら凍死するぞ！　がんばれ、目を覚ませ！」と頬を叩く場面がときどき映画にありますけれど、あれに近い感じです。教師は学生の頬は叩けませんけど、気分的には「がんばれ、眠るな！」と言ってやりたい。でも、彼らは押し寄せる睡魔には勝てない。そうやって教室のほとんどが昼寝をしている前で、教壇に立ち尽くして呆然としている……というようなことも若い頃にはあったのでした。

「若い頃にはあったのでした」といささか余裕を持って今の僕が回顧できるのは、それからあと「寝かせない方法」を必死になって探求した結果、ついに「寝かせない方法」を発見したからであります。

はい、発見したのです。

この「授業を寝かせずに聴かせる方法」は、「ノイズ認定させない」ということですから、「話を最後まで聞かせる方法」や「書いたものを最後まで読ませる方法」と原理的には同じものです。それがどういうものか、これからそれについてお話ししたいと思います。

つまり、これから後の話にいささか挑発的な見出しをつけるとすれば、「あなたは私がこれからする話を最後まで注意深く読んでしまうであろう」というものになるわけです。なかなか挑発的でしょう。

「そんな安手《やすで》の挑発に乗るものか。オレは読み出したらすぐ寝ちゃうからな」という気合いの入った読者もいるかも知れません（僕も若い頃はずいぶん気合いの入った少年でしたから、その気持ちはよくわかります)。そういう読者のために以下の文章は書かれております。

こういうときは一般論をしてもダメなんです。一般論というのは「あなたに特に関係のある話ではありません」という前置きをしてから始まるものです。そんなもの誰も聞いてくれません。以下の話は「あなたに(すごく)関係のある話」です。

あなたに(すごく)関係のある話

それは今から10年くらい前、僕が兵庫県のある県立高校に講演に呼ばれたときの話です。

その高校の生徒1500人くらいが体育館に集められて、パイプ椅子に座らされていました。司会の先生が「これからこちらのウチダ先生が君たちにとってたいへんためになる講演をされるから、みんなちゃんと静かに聴くように」という堅苦しいアナウンスをしてから僕にマイクを手渡しました。

この紹介の仕方はちょっとないんじゃないかと僕は思いました。体育館に集められた高校生たちに向かって「これから君たちのためになる話をこの人がするから、注意して聴くように」なんて言うのは、ほとんど「聴くな」と言っているに等しいわけですから。

案《あん》の定《じょう》、体育館を見渡したら、当然ながら、高校生諸君はあまり(というか全然)僕の話を聞く体勢ではありませんでした。だって、寒い時期に、暖房もない体育館に集められて、パイプ椅子に座らされて、70分の間、どこの誰だかわからない大学の先生の話を聞かなくちゃいけないんです（おまけに、そのときの演題はたしか「グローバル化する世界と大学教育」という、タイトルを見ただけで僕だって眠たくなるようなものでした）。

体育館の演壇から見下ろすと、高校生諸君は総じて「無関心」と「憎悪」の中間くらいのまなざしを僕に向けていました。最前列の何人かはあきらかに「お前の話なんか、聴く気はぜんぜんないからね」ということを全身で表現すべく、椅子に浅く座って、両足を「これでもか」というくらい遠くに投げ出して、眼を半分閉じて、しっかりと腕組みをしておりました。ちなみに「腕組みをする」というのは「お前の話を聴く気はない」という非言語的な意思表示です。人の話を「聴きたい」というときは、あごの下に手をあてがって、膝を閉じて、ちょっと前のめりになって、にこにこしてみせるんです。当然ながら、そんなフレンドリーな高校生はみごとに一人もおりませんでした。

という絶望的な状況に置かれて、僕もさすがに進退に窮《きゅう》しました。行く前には、どんな話をするのかだいたいのプランはあったのですけれど、今さらそんな話をしてもしようがない。だから、「変な話」から始めました。

自分に向けられた問いは止めることができない

僕はちょっと中空に眼を泳がせて、こうつぶやきました。

「この体育館、『気の通り』がいいですね」

高校生たちはちょっと不意を衝《つ》かれたような顔をしておりました。このおじさん何言い出すんだよ。「気の通り」？

「この学校は昔の藩校《はんこう》だったそうですね。さすがに昔の人はたいしたものですな。『風水《ふうすい》』がすばらしい。みなさん自分の通っている学校の『風水』がすばらしいって、ご存知でした？」

高校生たちは「風水」なんて言われてもわかりません。でも、こちらは相手の虚を衝いて話を始めたんですから、それを押し通すしかない。

「校門の前に道を横切って小川が流れてますね。あそこが南です。風水で言う『朱雀《すざく》』に当たります。そして、校舎を抱きかかえる二本の腕のように東西に尾根がありますね。東側が『青龍《せいりゅう》』、西側が『白虎《びゃっこ》』です。学校の後ろは小高い山になっていますが、これが『玄武《げんぶ》』です。どうです、四神《しじん》がきちんと揃っているじゃないですか。そればかりじゃない。みなさん、気づかれていましたか、裏の尾根の上に神社が見えますけれど、あれは学校の北東の鬼門《きもん》に当たります。鬼門に呪鎮《じゅちん》の抑えを配して、邪悪なものの侵入からみなさんを守っている。風水、完璧《かんぺき》です。こんな学校、僕は見たことがない。ですから、当然ながら、この体育館も非常に気の流れがよいです。感じるでしょ? 気の流れ……」

ここまで話すと、最前列で足を前に投げ出して「お前の話なんかぜんぜん聞く気ないけんね」というメッセージを全身から発信していた高校生たちがもじもじと身体を動かし始めた。

そりゃそうですよね。「気の流れがいい」と言われて、「感じるでしょ?」と訊かれているんですから。彼らは「話なんか聞く気はない」という初期設定でこの場に臨んだのではありましたけれど、状況がちょっと変わった。ですから、ここで微妙な調整を入れたのです。「感じる?」という問いを自分に向けて発してしまったのです。

自分への問いを人は意識的に止めることができません。嘘だと思ったら、誰でもいいですから、近くの友だちに向かって、何でもいいです、そうですね、じゃあ「ね、いま揺れた?」っていきなり訊いてみてください。「いや、揺れてないよ」と間髪を入れずに即答するということは人間にはできません。問いを聴き、問いに答えるのは脳の仕事ですけれど、揺れたかどうか感知するのは脳じゃなくて身体の仕事だからです。自分の身体に対して「いま揺れた?」と問いかけて、「いいえ」という返事をもらってからでないと「揺れてないよ」という回答は果たせない。ここに一瞬の「間」が生じる。そこが勝負どころなんです。

身体は「判断を先延ばしにする」ことができる

「この体育館、『気の流れ』がいいって、あの男は言うけど、ほんと?」と高校生たちは自分の身体に訊いてみた。しかたないですよ。脳は「気の流れ」なんてどんなものだか想像もつかない。でも、もしかしたら身体は知っているかも知れないから。病院で熱を計ってもらったら看護婦さんに「あら、けっこう熱あるわね。寒気しない?」と言われたら、僕らは「寒気がしているかどうか」をとりあえず身体に訊いてみます。言われてみれば、なんかぞくぞくするような気がする。そこで「はい、寒気がします」と返事をする。そういう手順に決まっているんです。「身体に訊かないとわからないこと」については、一瞬だけ判断を保留して、身体に訊いてみる。

「気の流れ」というのがいったいどの感覚器官で感知すべきものか、ふつうの高校生は知りません。そういうのは皮膚感覚の領域かなと思って、自分の皮膚に訊ねてみる。「気の流れ、感じる?」って。そして、返答を待つ。でも、もちろん、身体からの返答はありません。だって、身体だって「気の流れ」なんて知らないから。それでも、身体はさすがに生き物です「『気の流れ』などというものはこの世に存在しません」というような木で鼻を括《くく》ったような回答はしません。身体はそういうことはしません。「ある」か「ない」か瞬時のうちにデジタルに切り分けるのは脳の仕事で、脳の趣味で、脳の義務です（「ノイズ」と「シグナル」

の切り分けがそうです)。けれども、身体は違います。身体には「判断を先延ばしにする」という選択肢があります。

高校生たちが「感じる?」と自分の身体に訊いたときの身体からの回答は「判断保留」です。身体はこの問いにこう回答してきました。「データ不足につき回答不能。さらに追加データをお願いします」

「データ不足で判定できませんからもっとデータをください」と言われては仕方がありません。もっとデータを送るしかない。でも、「追加データ」をどこから採るかと言えば、それはそもそも最初に「気の流れ」について自信たっぷりに語った僕の話からしかない。となると、僕の話をもう少し聞く以外に「追加データ」を採る方法がない。でも、僕がしゃべっているとき、どの言葉が身体が求めている「有意なデータ」であり、どの言葉が聞き流してよい「無意味なノイズ」なのかを、高校生たち自身は自己決定することができません。だって、自分がどういうデータを求めているのかご本人は知らないんですから。

どんなデータを採ればいいのかわからないにもかかわらず、身体からは「追加データ」を要請してきている。となると、とりあえず耳から入ってきた入力情報(僕のしている話)は全部そのまま身体に丸投げするしかない。とにかく耳に入ってきた音声を逐次《ちくじ》自分の身体に流し込んでゆくしかない。これが「耳の蓋」が開いた状態です。

中身を理解してくれなくていい

脳の主たる仕事は「ノイズをカットすること」ですけれども、今の場合は身体の方から「ノイズをカットしないでください」という要請が来ている。生物に初期設定されている「意味がない情報は採り入れない」というノイズ・カット機能を「止めて下さい」と自分の身体の方から言ってきているんです。とりあえずそれに従う。

さあ、ここまで来れば「話を聴いてもらう」体制は90％くらい完成したと言ってよいと思います。あとはよほど下手を打たなければ、高校生諸君はもう寝ません。別に目をきらきらさせて聴き入るということではありませんが、たぶん最後まで僕の話を自分の身体にどんどん流し込んで行ってくれるでしょう。それでいいんです。僕はそれ以上のことは求めていません。別にスタンディング・オベーションで送られるような華々しい成功をめざしていたわけじゃありません。最後まで眠らずに話を聴いてもらうことだけで十分です。そして、実際にこのときの講演では、高校生たちは最後までみんな目を見開いて僕の話を聴いてくれました。話の中身を理解してくれたかどうかはわかりません。全部は理解してくれなかったと思います。でも、いいんです。最後まで聴いてくれたから。そして、たぶん多くの高校生たちは「なんだか今日はずいぶん『変な話』を聴いたな……」と首を傾げながら家路についたんじゃないかと思います。それで、いいんです。というか、それが、いいんです。

すっきりわかられてはむしろ困る。言葉を発するときに「喉元まで出かかっているんだけれど、うまく言葉にならない」ということがありますけれど、あれの逆です。聴くときには、「たしかに言葉は聴いたんだけど、それがうまく喉元を通り過ぎてくれない」というあたりがいいんです。

どうして、「意味がよくわからなかった」話の方が「隅から隅まで意味がわかった」話よりも生産的なのか。それは身体が聴いたからです。人の話を頭で聴くと「わかった」か「わからなかった」の二つしかない。身体で聴くと「わかったような、わからなかったような……」という宙吊り状態になります。

わかってしまうとコミュニケーションは終わる

誤解している人が多いと思いますけれど、「わかった」というのはあまりコミュニケーションの場において望ましい展開ではないんです。だって、そうでしょ。親とか先生から、「お前が言いたいことはよくわかった」ときっぱり言われると、ちょっと傷つくでしょ。だって、それは「だからもう黙れ」という意味だから。

ふつう人を好きになったときに、相手から一番聴きたい言葉は何ですか？「あなたのことを完全に理解した」ですか。まさかね。そんなこと言われてうれしいわけがない。だって、それは「だから、あなたにはもう会う必要がない。あなたの話を聴く必要もない」ということを含意《がんい》しているわけですから。

人を好きになったとき、その人の口から僕たちが一番聴きたい言葉は「あなたのことをもっと知りたい」でしょ。誰が考えたって、そうですよ。

でも、「あなたのことをもっと知りたい」というのは、言い換えれば「あなたのことが現時点ではよくわからない」ということです。よくわからないからもっと知りたい。ちょっとだけわかったけれど、まだまだわからないところが多い。だから、「もっと知りたい」と思う。

そういうものなんです。この機会に覚えておいてください。「わかった」というのはあまりいいことじゃないんです。人間同士では、「わかると、コミュニケーションが終わる」ということになっている。本を読んで、中身が全部理解できた。そしたら、その本のタイトルも著者名も、書いてあったことも、何もかも全部忘れても、困らない。だって、全部理解できたんですから。その本には僕たちが「もともと知っていたこと」が書いてあったか、読んでいるうちに「血肉となったこと」が書いてあったか、いずれにせよ改めて記憶する必要もないし、手元に置いておく必要もない。そのままゴミ箱に捨てても困らない。

読者に「全部理解された」おかげで、二度とタイトルも著者名さえも思い出されないような本を書きたい人はいないと思います。少なくとも僕は書きたくありません。僕は「あなたの話は全部理解できました」なんて言って欲しくない。僕が聴きたいのは「なんだかわかったような、わからなかったような……」です。それは聴いた人の身体の中に言葉が収まったけれど、まだうまく片づかないで宙吊りになっているということだからです。「わかったこと」のファイルにも「わからなかったこと」のファイルにも分類されていないで、そのままデスクトップの上に置きっぱなしになっている。それこそ、僕たちが人に言葉を差し出したときに受けとることのできる最高の歓待です。そう思っている人がどれくらいいるかわかりませんが、僕はそう信じています。

ただし、そういう「歓待」を期待するためには条件があります。それは「身体で聴いた」「身体で読んだ」という場合だけです。だって、「データ不足で真偽・良否の判定不能。追加データを」というふうに要請してくるのは身体だけだからです。「気の流れがいいの？」と高校生たちが自分の身体に訊いたときに、「耳の蓋が開いて」、身体が開放状態になった。身体が開放状態になるのは僕たちが自分の身体に向けて問いを発した場合だけです。

虫食い的なメッセージの「穴」を埋める

では、長くなりましたので、そろそろ巻きに入って、結論を申し上げます。

コミュニケーションの現場において、人がちゃんと僕の話を聴いてくれる状態というのは、僕が「たいへん役に立つこと」を話しているという確証が先方にあるからではありません。僕の言うことが実に論理的かつ比喩もカラフルで、言いたいことがすらすらと全部わかるからでもありません。そうではなくて、聴いた話の真偽や当否についてとっさには判断しかねたので、答えを自分の身体に訊ねた場合だけです。

この原理を応用すると、大学の授業でも、教室内の全員が僕の話を理解するという奇跡的な瞬間が起きることがあります。それは例えば教師が「後ろの方、聞こえますか？」と問いかけたときです。なんと、驚くべきことに、この問いに「聞こえません」と回答する学生たちがいるのです。不思議でしょ？　だって、聞こえないんですよ！

よく考えてみてください。このとき学生たちは実に複雑な操作をしているんです。まず教壇にいる僕から断片的な音声が聞こえてくる。「うし……きこ……ますか」くらいしか聞こえない。僕が何を言ってるのかわからない。「牛の肉を食べて、ワインでもきこしめしますか」と言っているのかも知れない。でも、授業の冒頭に教師が教壇からそんな変なこと言うわけない。だから、同じ「うし……きこ……ますか」という音で構成可能なセンテンスをいくつか思い浮かべて、その中で一番「ありそうな文」を選び出す。聴き取り不能だった音を「たぶん、あれだな」と想像して補塡《ほてん》する。その仮説に基づいて、「声が後ろの方まで届いていないので、（マイクを使うとかの）しかるべき補正手段を採って下さい」という遂行《すいこう》的なメッセージを「聞こえません」という一センテンスに託して発する。

すごいですね。これだけ複雑な操作を一瞬のうちに行っているんです。でも、それが可能なのは、すべて僕の言っていることが「よくわからない」からなんです。「よくわからない」がゆえに、「わかる」ために、状況判断したり、候補文をスキャンしたり、虫食い的なメッセージを補って完成させている。

エドガー・アラン・ポウの『黄金虫』という小説を読んだことがありますか？ なければ、ぜひ今から本屋に行って文庫本を買うか、図書館に行って借りて来るかしてください。読んで損はありません。『黄金虫』は虫食いだらけの暗号文を解読して海賊キッド船長の財宝を見つけるという話なんですけれど、暗号解読のために主人公がしているのはまさに「聞こえません」と同じ操作なんです。まず、海岸で拾ったぼろぼろの羊皮紙に不思議な模様がついていた。これは「よくわからない」情報入力です。そこで状況から判断して、「たぶんこういうことを書いたものだろう」と推理した。そして、その虫食い的なメッセージの「穴」を埋めていった。やっていることは構造的には同じことなんです。

それがいいいいいいいいいいいいいいいいいいいいいいいい人間の知性が最も活発に発動しているときのあり方なんです。

「後ろの方聞こえますか？」という僕の問いに「聞こえません」と答えた学生たちもこのときに「自分の身体に訊いている」。わかりますよね。「今、揺れた？」とか「寒気するでしょ？」とかと同じタイプの出来事なんです。聴覚記憶は音が消えてしまった後もかなりの時間、身体の中に残っています。人間は「もう聞こえない音がまだ聞こえる」し、「まだ聞こえない音がもう聞こえる」というような能力を備えています。音楽を聴くというのは、まさにそういう経験ですからね。僕たちがメロディとかリズムとかグルーブとかいうものについて語れるのは、「もう聞こえなくなった音」や「まだ聞こえない音」がいまここで聞こえるからです。

「後ろの方聞こえますか?」と僕が言ったときに、学生たちは自分自身の聴覚記憶に問いかけているんです。「私には何が聞こえたのか?」

これが「学ぶ」ということ

もう一度繰り返しますけれど、「身体に訊く」という構えを採用するときに、身体は開放状態になります。そして自分自身の身体記憶の貯蔵庫の中を探って、時間を遡ってモニターを始める。そして、「虫食い状態のメッセージ」の穴を自力で補塡しようとする。

この作業を「知性的」と言わずして何と呼ぶべきでしょう。

僕が何を言いたくてこんな話を書いているのか、もうお分かりになりましたね。

僕は「人の話を最後まで聴かせる方法」とはどういうものかをみなさんにご教示しますという宣言によってこの文章を書き始めました（覚えてますか）。そして、僕がたどりついた結論は、「自分の身体に訊く」ように仕向ければ、人は外界からの情報入力に対して開放的になり、貪欲《どんよく》になり、「もっとデータを」という前のめりの構えになるということです。これが「学ぶ」ということです。

僕の話はこれでおしまいです。

みなさんは「なんだかわかったような、わからないような話を聞かされた」という片づかない印象を持っただろうと思います。別に理解なんかしなくていいんです。でも、そうですね、あと10年くらいして、みなさんが人前で話をする機会があったとします。プレゼンテーションとか、学会発表とか。そのときに、聴衆の側にいまいち「聴く姿勢」がないと思ったら、「後ろの方聞こえますか？」と訊いてみてください。あるいは「この部屋ちょっと冷房効き過ぎてませんか？」でもいいです。あるいは「カーテン閉めましょうか。西日がまぶしくないですか？」でもいいです。そのときに一瞬聴衆たちが「自分の身体に訊く」のがわかります。そのときに与えられた短いチャンスを逃さないように。

みなさんのご健闘を祈ります。

僕の夢

――中高生のための「戦後入門」

加藤典洋

加藤典洋（かとう・のりひろ）

1948年、山形県生まれ。文芸評論家。早稲田大学名誉教授。東京大学文学部仏文科卒業。著書に『敗戦後論』（ちくま学芸文庫、第9回伊藤整文学賞）、『言葉表現法講義』（岩波書店、第10回新潮学芸賞受賞）、『小説の未来』『テクストから遠く離れて』（朝日新聞社／講談社、両著で第7回桑原武夫学芸賞）、『アメリカの影』『日本風景論』（講談社文芸文庫）、『さようなら、ゴジラたち』『3.11 死に神に突き飛ばされる』（岩波書店）、『人類が永遠に続くのではないとしたら』（新潮社）、『増補改訂 日本の無思想』（平凡社ライブラリー）、『戦後入門』（ちくま新書）、『村上春樹は、むずかしい』（岩波新書）など多数。

1　中高生たちへ

いま日本で起きている問題。これがどのような理由で起きているのか。それをどう乗り越えていけばよいか。ということについて。僕は君たちに話そうと思っている。君たちというのは、中高生だ。

ほんとうなら僕はそれに小学生も入れたい。できれば、幼稚園生も。できれば、保育所生も。年長さんも、年少さんも。赤ん坊も。できたら、胎児さんも。まだ存在しない未来の胎児さんも。

いま日本で起きている問題には、そこまで、みんなが関係している。全員がその当事者だ。でもここでは、君らまでにして線を引く。

なぜか？　どんな問題でも、自分で「ん？」と思うことがないと、考えられないからだ。植木鉢に種が埋まってないといくら水をやっても芽が出ないよね。それと同じだ。自分が「ん？」っていう疑問を、もっていないと、何を読んでも、いわれても「知識」にしかならない。それと「考える」ってことは違う。「知識」は水。「考える」ことは種が発芽するってこと。そして「問いをもつ」ことが、種がまかれる、っていうことだ。

だから、相手が「問い」をもっていないと「話」はできない。知識、情報を伝達はできるけどね。その意味で、「いま日本で起きている問題」に関しては、「問いをもつ」ことができる年齢かな、と思えるところで、線を引く。それが中高生だ。むろん、ラインというのは、つながるためにあると同時に、超えるためにもある。だから、この一線をいくらでも、小学生が超えてきてくれてもいい。そうしたいならね。

2 憲法九条をどうするか

さて。本題だ。

いま日本は、憲法九条をどうするかという問題で意見が大きく二つに分かれている。憲法を守れ、そして平和をめざす日本の理想を今後も保持しよう、という考えが「護憲論」。それでは日本の安全は守れない、憲法を改正してもっとアメリカとの連携を緊密にして世界のなかでしっかりした地位を占めよう、というのが「改憲論」だ。

でもどちらにも、それぞれ問題がある。そのため、この議論はなかなか「正解」の見つけにくい問題になっているんだ。

ほんとうなら、なぜそんなことまでを中高生が考えなくちゃならないの？　という「問い」にも君たちはぶつかるはずだ。だから、この話もそこからはじめなくちゃならない。それは、社会のなかに生きるってどういうこと？　民主主義ってどういうこと？　を考えることだ。そもそも「考える」ってどういうことか、そのどこが大事で、楽しいのか、っていうことでもある。

でもね、それは飛ばす。今回は、この憲法九条の問題。それを例にして話す。今日のところ、右のことは自分で考えてみてくれ。試行錯誤だ。続けるよ。

僕は、昨年（二〇一五年）、『戦後入門』という本を出して、そこに、この問題には、「正解」がないわけじゃない、と書いた。それはある、こう考えればいいんだ、という「正解」の案を示したつもりなんだ。ただ、それは非常に実現するのに手間のかかる道を選ぶことだ。実現するのに多大な困難を伴う。でも、この道しかない、とわかれば、その線で政治勢力を結集し、国民に働きかけ、実現することも夢ではないだろうって思っている。実際に、そういう夢を実現した前例もある。かつての西ドイツ、また、フィリピンがそうだよ。

そこで、その案を、できるだけシンプルに君たちに紹介してみよう。これっていけるかどうかを、自分の頭で判断してみてほしいんだ。

僕の案は、護憲の考えをもっと徹底することだけが、いまの日本の問題を根本的に解決する唯一の道だ、というものだ。いまの問題とは、何だろう。日本に民主主義がほんとうに根づいているのかってことかもしれない。君らの学校のクラスの様子を考えても、少しは合点できるよね。イジメがあっても、なかなかクラスのなかで、おい、やめなよ、なんていえる雰囲気じゃないよね？　でもなぜそんなふうになっているんだろう？　いろんな理由が考えられるけれど、僕が前から気になっているのは、日本ではもう長い間、政治というものが、あんまり機能していない、ってことなんだ。

たとえば君らのうち、将来政治家になってこの国をもっとよくしよう、なんて考えている子がどれくらいいるだろう。僕は極小だと思う。もうここ何十年ものあいだ、政治というのは、権力をもちたい、えばりたい、お金を手にしたい、人を動かしたい、などという志の低い人たちが多くなりたがる、いやな職業になってしまった。もちろん例外もある。そうじゃなくては困る。でも、権力をもっている与党の議員などは特にだが、その多くが、政治家の秘書になって地盤を作って、市会議員からはじめ、次は県会議員、それから国会に出て行く。そして主張は、権力側につくのに都合のよい、「長いものに巻かれろ」式の「国論」が、後から従いてくるというふうだったんだ。世襲議員が多いというのも、政治が「利得」を生み出す企業みたいになってしまっていることの一つの現れでもある。とても多い。昔はそんなふうじゃなかったんだ。

でもそれでは困る。政治というのは本来、世の中を変えて、一歩一歩でもよくしていくための大事な活動として編み出されたものだからだ。そこには人類の叡智が結集している。志の高い人たちこそが、政治の世界に参与し、日本を変えよう、よい国にしよう、というようでないと困る。一般の人も、それなら政治に口をはさむ気になる。そしてそうしていくことは君たちの仕事でもあるんだ。

では、なぜそんなふうになったんだろう？　といえば、政治が魅力のないものになってしまったからだ。政治でできることなんて、限られているってみんな思っているんだ。でも、坂本龍馬なんかの幕末の志士とかが、国を変えようと思って活動したときは、そんなことはなかったよね。みんな夢があった。いま、みんながそう思っていないことの一番底にある理由は、何かっていえば、僕は、日本に基本的な政治的自由がないことを、みんながうすうす感じていることが、そうなんだろうって思っているんだ。ニヒリズムだ。あきらめだ。戦後、日本の政府はずっとアメリカの言うなりになってきているんだが、それは理由のあることだった。ある意味、仕方のない側面もあった。でも、もう、そこを変えていかないと、日本はダメになるだろうと僕は考えているんだ。

いまのままだと、政治は情けない志の低い人たちが多数を占めるいやな世界になって、いよいよ国民からそっぽを向かれてしまう。当然、民主主義も機能しないままだろう。ニヒリズムが君たち、僕たちを覆うようになって、かつて軍部に引きずられて国民のための政治ができず、国を誤ったように、今度もまた、アメリカに引きずられて、国民本位の政治ができずに、国を誤るようになるんじゃないだろうか。僕はそれを恐れている。

ではどうすれば、いいだろう。アメリカのいいなり、政治不信、国を変えようという意欲の欠如、あきらめ、という現状から脱するには何が必要なんだろう。その抜本的な方向転換のための起死回生の行き方が、憲法九条をむしろ「強化」する方向で、ここでひとがんばりしてみることだと、僕は考えたわけなんだ。

それで、憲法九条の僕の改訂案は、こうなっている。ここから先は、僕の改訂案の説明だ。なぜ、護憲案のままじゃ不十分なのか。といって、いまの自民党のめざす改憲案でもダメなのか。僕の考えを説明してみるから、賛成できるかどうか、自分で判断してみてほしい。全部で五項からなる。最初の第一項は、現憲法のまま。変わらない。

第九条　日本国民は、正義と秩序を基調とする国際平和を誠実に希求し、国権の発動たる戦争と、武力による威嚇又は武力の行使は、国際紛争を解決する手段としては、永久にこれを放棄する。

ただし、第二項を変えている。これに、さらに第三、第四、第五項をつけたして、全部で五項からなる第九条になっているんだ。

第二項は、いまの形は、こうだ。

二、前項の目的を達するため、陸海空軍その他の戦力は、これを保持しない。国の交戦権は、これを認めない。

でも、これだけで済ませるわけにはいかない、と僕は考える。なぜなら、これだけだと、誰もが、じゃあ、誰か悪い国が攻めてきたらどうするの？　と思うはずだ。それにこの九条は答えていないからだ。

では護憲派の人たちは、ここをどう考えているかというと、一応は、この憲法の前文がいっている、平和を愛する諸国民の「公正と信義」を信じる、性善論でいく、と答えていた。そういう丸腰の平和主義を率先することで「国際社会において、名誉ある地位を占めたい」というのが、彼らの一番根元にある答えだったんだ。前文の全体は、自分で見ておいてほしい。

自分たちは「平和を愛する諸国民の公正と信義」に信頼して、交戦権を放棄し、平和主義で行くと一方的に宣言する。そうすることで、「われらの安全と生存を保持しようと決意した」って、そう、前文はいっている。これから理想に向かって進むはずの国際社会において、その先駆的な旗振り役という「名誉ある地位を占めたい」と思っている、というのがその答えだったんだ。

でも、この護憲派の言い方は、現実に照らし合わせると、問題がある。もしこの言い分で行くんだ、というのなら、日本は世界のなかで「戦争を放棄する！」と宣言した最初の国になったわけだから、この平和路線を世界に訴え、広げていかなくてはならない。それが性善論を貫くことだからだ。当然、占領終了後、日米安全保障条約（以下、日米安保条約）などを結んで、その下に日米地位協定というアメリカにへつらうような協定を結んで米軍基地を存置するなどということは、あってはならない。政府がそんなことをするのなら、――実際、しているわけだけれど――国民はこれに反対し続けなければならない。この主張には、だから永続的な目標逸脱への反対の行動が伴わなければならないんだ。

また、日米安保条約、米軍基地だけではなく、自衛隊の創設だって、明らかに憲法違反だってことになる。だから、護憲派としては、自衛隊にも反対、これを一日も早く解体しろ、と要求し続けなければならないことになる。

それで、一九五〇年代にはそういう主張がなされた。自衛隊を作るのは憲法違反じゃないか、そういう声があがった。六〇年の安保闘争でも、国民が広く、この安保条約の廃棄（延長することへの反対）を主張して自民党政府に大々的に抗議した。ここまではよかったんだが、それ以後、護憲派の主張は、空転していくんだ。というのも、時代は米ソ冷戦で、五〇年代は朝鮮戦争から核軍備競争が続き、六二年にはもう一歩で核戦争、なんていうキューバ危機も起こっている。もう「平和を愛する諸国民の公正と信義」を信頼するという条件が、国際社会から失われていることは明らかだったからだ。それなのに、じゃあ、安全保障、国防の問題はどうするんだ、という国民の不安に、あいかわらず護憲派は正面からは答えようとしなかった。答えることができなかったんだ。

憲法九条を言葉通りに受けとって、日米安保条約に反対し、自衛隊に反対する、真正の理念的な護憲派の主張は、こうして、ちょっと逃げの姿勢を抱えるものになってしまった。

それで、次に出てきたのが、現実的な護憲派の立場だ。それは、二つの考え方からなる。一つは、憲法九条は「戦争の放棄」だといっても、誰だって悪いやつが攻めてきたら、自分の居場所を守るために抵抗し、自衛する。国の自衛の権利はどんな国にも固有に備わっている権利なのだから、この「戦争の放棄」もこの自衛権までは否定していないはずだ、とこの憲法九条の意味を少し幅広く解釈して、自衛隊の存在までは、認めるという立場だ。これが、いま、安倍政権の集団的自衛権行使、安保法制化の動きに、（憲法の認める）個別的自衛権の範囲を逸脱しているという理由で反対するようになった、多くの法学者の立場だ。立憲主義を主張する、たとえば小林節という人などがその代表的な論者の一人だよ。

もう一つは、たしかに憲法九条と日米同盟並びに自衛隊の存在は「矛盾」しているけれども、戦後の日本はこの「矛盾」を自ら選び取り、それをもとにまがりなりにも平和日本と経済繁栄を実現してきた。そこに日本の平和主義の叡智が働いている、と受けとることにしよう。そういう「大人」の態度で、この問題を考えてみることで、護憲の立場を貫けるのであれば、それもありなのではないか、という立場だ。そういう立場は、六〇年代から七〇年代にかけては現実的平和主義者の高坂正堯や永井陽之助といった人たちが自民党ハト派の政治家たちと一緒に、主張したし、また、もう少し違った形で、たとえばこの本を編集している内田樹さんなども、二〇〇六年あたりにはこれと似たことをいっていた。

当初よりはだいぶ後退したといえるけれども、この現実的護憲論にもそれなりの言い分はある。戦前、日本は隣国を侵略した。だから、この憲法には、せめて、もう二度とそういうことはしない、という侵略相手国と世界に対する「約束」の意味がある。その「約束」だけは、最低、守ろう、ということだからだ。それだけだって、十分に大きなことなんだ。

3 ワーオ、安倍自民党政権の一人勝ち！

しかし、どうも二〇一一年の東日本大震災、福島第一原発の事故の前後あたりから、日本社会はだいぶ雰囲気が変わってきた。国際情勢も、中国がはっきりと勃興してきて、二〇一〇年には日本を追い抜いてGDP世界第二位になった。アメリカと覇権を争うような形勢になってきて、日本と中国、韓国のあいだのぎくしゃくも目立つようになってきた。北朝鮮の孤立と独裁も核武装をともなって、危険な様相が強まった。それで、国の安全保障はどうするんだ、という国民の声が再び高まってきたんだ。

これに、先の理念的な護憲派も、この二つの現実的な護憲派も、どうもうまく答えられていない。

そのため、現在の自民党安倍政権の、やっぱりアメリカに頼るしかないんじゃないか、それでいこう、という路線に国民の支持が集まっている。その結果の、自民党安倍政権の一人勝ち！　これが現在、日本で起こっていることなんだ（ここではアベノミクスみたいな経済問題は、除外しておく）。

でも、この自民党安倍政権に代表される「改憲派」の主張にもだいぶ根深い問題がある。現在の安倍政権は、この機に乗じて、この際、しっかりアメリカが守ってくれるように、アメリカとの関係をもっと堅固にしよう、とばかり、本当に国民の利益と国益を優先するというよりは、自民党、あるいは自分の政権の延命のため、必要以上に、徹底的にアメリカにすり寄る「徹底従米路線」と、一九五〇年代以来の復古的な「自主改憲路線」を、押し進めようとしてしまっている。それが、改憲派の主張がもとからもっている問題をより拡大しているんだ。

もとからある問題とはこの「徹底従米路線」と「自主改憲路線」のあいだの矛盾だ。自民党の結党時の党是は、米国からの独立を実現し、戦前の日本につながる「日本の誇り」を回復しようという復古主義で、それが自主憲法制定という改憲論の基礎になっている。これはいま、安倍政権を外から支持する日本会議という保守団体の主張と同じだ。日本会議のキーワードは、「誇りある国づくり」というものなんだ。

ところが、安倍政権の現在の路線は、「徹底従米路線」によって自衛隊も米軍の指揮のもとにおいてシームレスの協力態勢を作り、アメリカからしっかりと守ってもらい、安全保障を完全にすることが目的だ。

この二重路線の問題は、たくさんある。まず、第一に、最初の日本会議流の「日本の誇り」と「自主憲法制定」路線だが、これを追求していく先で、戦前の日本とのつながりを回復する形で対米自立をはかることは、とても難しい。ほとんど不可能だ。これは（安倍首相の靖国参拝でのA級戦犯に「まことを捧げる」という言い方からわかるように）戦後の国際秩序への挑戦を意味するから、当然、国際社会のなかで日本を孤立させる。この線での対米自立は、反米と国際秩序への挑戦となり、もう一度、戦争をして、勝つというのでもない限り、不可能なんだ（不可能かどうかという以前に、これはまずいだろう。そんなことのために戦争をしてたら、命がいくらあっても足りない。命は大事だよ）。また、第二として、いまの安倍政権の「徹底従米路線」だが、これだと、アメリカのいいなりになって日本の国益を守るための独立した決定ができなくなる。TPP（環太平洋戦略的経済連携協定）がよい例だ。アメリカは自分に利益になるかたちをめざし、これに他国を巻き込もうとしている。でも日本はそれに毅然とした態度がとれない。安全保障から何から、すべて下駄を預けてしまっているから、逆らえないんだ。その結果、日本に不利益が生じる可能性が大きい。さらに、第三として、これだと、かえって攻撃を誘発して、戦争に巻き込まれる危険を高める。アメリカはどこでもよく戦争を起こしている。また、他国軍隊を先兵にしてアメリカ兵は死なない戦術に切り替えている。こういう国と一緒にしっかりした国内法での保護もないまま、軍事行動をやるのは、きわめて危険だ。

そして、より根本的な最後の問題として、この「徹底従米路線」と先の「自主改憲路線」

の二つの路線のあいだの矛盾がある。これは深刻だ。一方は徹底的な対米従属。他方は自主独立の「誇りある国づくり」。だから、いまの安倍路線はアクセルとブレーキを一緒に踏んでいるようなものだ。このまま何もナシに二つが成就することはありえない。そういう、内部に矛盾を抱えたやり方なんだ。

さて、ではどうするか。

4　僕の九条改訂案

これに対して、今回、僕が提案しているのが、同盟先をアメリカではなく、国連に切り換え、対米自立をいったん完成させよう。その後、アメリカとは開かれた立場で他の国と同様、対等な友好関係を作り直せばよい、という対案だ。

僕の憲法九条改訂案の第二項、第三項、第五項は、こうなっている（第四項はあとでいいます）。

二、以上の決意を明確にするため、以下のごとく宣言する。日本が保持する陸海空軍その他の戦力は、その一部を後項に定める別組織として分離し、残りの全戦力は、これを国連待機軍として、国連憲章第四七条に基づく国連の直接指揮下における平和維持活動及び平和回復運動への参加以外には、発動しない。国の交戦権は、これを国連に委譲する。

三、前項で分離した軍隊組織を、国土防衛隊に編成し直し、日本の国際的に認められている国境に悪意をもって侵入するものに対する防衛の用にあてる。ただしこの国土防衛隊は、国民の自衛権の発動であることから、治安出動を禁じられる。平時は高度な専門性を備えた災害救助隊として、広く国内外の災害救援にあたるものとする。

五、前四項の目的を達するため、今後、外国の軍事基地、軍隊、施設は、国内のいかなる場所においても許可しない。

基本は、憲法九条の平和理念を守る。でも、先のままだと悪い国が攻めてきたらどうする、という心配があった。それには、国連を抜本的に作り替え、日本は新たに創設される国連警察軍の創設を主導し、これによって、他の国と同様、日本の安全保障をも確かなものにする、ということで対応する（誤解されやすいので、『戦後入門』での第二項の「平和維持活動及び国連憲章第四七条による国連の直接指揮下における平和回復運動」という個所を今回、傍点個所のように変えている）。自衛隊を国連指揮下の国連待機軍と国民の自衛権に基づく国土防衛隊に分け、これにしっかりと対処するわけだ。

この改訂案のポイントは三つある。一つは、九条の理念を護憲派として守りながら、でも、安全保障の問題にはきちんと答えていること（第二項、第三項）。二つは、現在起こっている問題の元凶は七〇年続く対米従属（日米安保条約、日米地位協定、米軍基地の日本への存置）にある。これに終止符を打つための対米自立のプログラムを、憲法に書き入れることで、可能にしていること（第五項）。三つは、この対米自立を国際的に孤立しないで行うための「ゆりかご」作りとして、国連との密接な関係を作り出す（第二項）。世界平和のために率先して国際社会に貢献する。そういう姿勢を示し、米国とも対等に渡り合い、そのうえで友好関係を堅持できるよう、国連を手がかりにした世界との信頼関係をあらかじめ、手に入れるわけだ。

この三つは互いに連動している。でも、なかでカギになるのが国連強化案だ。強化の骨子は、国連の民主化、そして国連警察軍の創設だ。国連の民主化とは、現在の安全保障理事会（以下、安保理）常任理事国五大国の体制を大きく見直すこと。たとえば、常任理事国を入れ替わり可能にする。拒否権のあり方も再検討する。他方、国連総会の決議の権威と権能をもっと高め、すべての参加国の意見が国連の政策に反映されるようにする。そのうえで、国連の権能を強化するのだが、その最終目標が国連警察軍の創設だ。何だか夢物語みたいに聞こえるかもしれないね。でも、それほど無茶をいっているわけじゃない。国連の最初の時期には、安保理がまず、真剣にこの国連警察軍の創設をめざした。それが核の独占をめぐる対立、米ソの冷戦の開始によって中断されたという前史があるんだ。それを新しい時代の要請のなかで、再びめざすということなんだ。

憲法には、ほかに、米軍基地の撤去ということも書き込んである（第五項）。日米安保条約は憲法の規定と合わないから、やめます、ついては基地も撤去させてもらいます、ということを、憲法に書き込んで、実行するというアイディアだ。これには一九八〇年代末のフィリピンの前例がある。その憲法への基地撤廃の書き込みによって、フィリピンからは、一九九二年にすべての米兵が撤退している。いま、再びフィリピンは米国と軍事基地貸与の条約を結んでいるけど、それは、以前とまるきり違う対等の条約だよ。フィリピン自身が望んで、必要なので、アメリカと新しい友好同盟関係を作り直したということだ。アメリカも、自分に必要なら、いくらでも応じる、ということの前例でもある。日本も同じくやればいいのさ。

あと、国連を「ゆりかご」にして国際的に孤立することなく対米自立をはたすというのは、ＥＵを同じように「ゆりかご」（これを僕は「信頼圏」と呼んでいる）にして対米自立を達成した西ドイツの事例から学ぶアイディアだ。西ドイツは東欧圏が崩壊すると、いち早く東ドイツの債務を引き受け、対米関係を対等志向で推進し、フランスなど近隣諸国の信頼をかちえ、ＥＵを自分の「信頼圏」に育てるのに成功した。誰もが当初は無理だろう、と思っていたことをやり遂げたんだ。むろん、ＥＵはいまも大きな問題含みのままだ。でも、果敢にこれに他の国と共同で立ち向かっている。このプロセスを通じて、日本と同じ旧敗戦国のドイツが見事対米自立を果たし、政治的な自由を回復しているんだ。

でも、これらすべてを実現するためには、僕の改訂案のばあいは、国連に関係する「核」国際管理の問題を抜本的に見直さないといけない。第二次世界大戦の直後に、冷戦がはじまった。国連をはじめとして、平和をめざすさまざまな動きがすべて、その後、頓挫した。その元凶は、すべてこの「核」の問題にあったといってよいからだよ。

5　新しい核国際管理案と非核日本

「核」の問題と国連の関係は、現在の核国際管理方式の要である核拡散防止条約（NPT）が合法と認める核保有国（核保有クラブのメンバー）が、そのまま国連の安保理理事国の五カ国（アメリカ、ロシア、中国、イギリス、フランス）に重なっているところによく現れている。

このNPTは、一九六八年に調印され、七〇年に発効した条約だが、六七年一月一日の時点で核保有国と認められた前記五カ国以外の核保有を認めない。核の拡散を防止するのが目的だからだ。ほかの全非核国は核保有国の既得権を認める代わりに、核の平和利用への便宜を与えられる。一方、核保有国は、その保有を認められるための条件として、誠実な核廃絶への協議と努力を怠らずに続けるという努力義務を負う。

でも、NPTは、ほんとうのところ、核拡散防止という平和維持を目的とすると同時に、核保有五カ国の既得権を固定化するという現体制維持をもひそかな目的としている。特にアメリカは関係の深いイスラエルの核保有を実質的に認め、NPT内でかばいつづける一方で、非核国からの核廃絶の決議には、頑強に反対し続けている。そして、これにはほかの核保有国も同調している。

NPTは当初二五年間有効という形で一九七〇年にはじまった。二五年くらいあれば核廃絶への第一歩が踏みだせるだろうという目算だったんだ。でも、結局、非核国の願いは聞き入れられないまま、九五年には満了となった。そしてそれ以後、五年ごとに再検討会議を続けることで、無期限に延長することが決まっている。でも、二〇〇五年、二〇一五年の再検討会議では、非核国の主張と核保有国の主張がぶつかり、結局最終文書も採決されていない。核保有国が既得権をもつ限り、核の全面廃絶が国際社会での総意となることはないだろうと、誰もがあきらめるようになっている。そしてこの既得権の体制が、そのまま、国連の安保理常任理事国による統括の体制（ありていにいえば支配）と一体になっているんだ。

これを打破するために、僕は、新しい核国際管理案を、僕の本で提案している。すべての国が、一定の条件を満たせば、核保有国になれる。その代わり、その核保有国は、どんな国からも「核の傘」を提供してくれといわれたら、拒むことはできない。また、最低、三つの国から、提供依頼が来なくてはならない。でないと、核保有国としては失格で、核保有が認められない。他方、非核国は、自分の欲する三つの国に、「核の傘」の提供を依頼することができる。関心があったら詳しくは『戦後入門』に書いてある。見て下さい。

核保有のツリー状のヒエラルキー構造を、リゾーム（地下茎）状の非階層的なネットワーク構造に変える。そして、NPTの核保有国の既得権を無効化してしまう、というのがこの提案の狙いなんだ。そうしてはじめて、すべての国が、同じスタートラインに立つことができる。やはり、このままでは危険だ、となれば、すべての国が、「核廃絶」へと向かうインセンティブ（誘因）を与えられる。これによって、核廃絶と、国連の安保理常任理事国中心のヒエラルキー構造の打破という、二つの目標に王手をかけるのがポイントなんだよ。

そこをしっかりと伝えられれば、非核国の賛同を得られる。もし、譲歩がえられなければ、みんな脱退するゾという無言の圧力が、核保有国へのカードとなるはずだ。

僕の考えでは、日本は、他の国に率先して、まずアメリカの「核の傘」を脱したあと、この新「核」管理案を提唱し、これ以外には、自国の「核の傘」なしの安全が保障されないと主張して、NPTからの脱退を宣言する（条約第一〇条の規定で、条件を満たせば三カ月で脱退できる）。それと同時に、全世界に向けて非核宣言を行い、日米安保条約の段階的解消と国連中心主義への転換を発表する（アメリカの「核の傘」からの脱却はその論理的帰結でもある）。この非核宣言と、日米安保条約からの離脱を、憲法九条の改訂によって、行うんだ。そのため、先の憲法九条改訂案には、先ほどは省略したけれども、第四項として、こう書かれている。

四、今後、われわれ日本国民は、どのような様態のものであっても、核兵器を作らず、持たず、持ち込ませず、使用しない。

非核宣言だから、当然、核燃料サイクル政策も廃棄する。高速増殖炉のもんじゅは廃炉、六ヶ所村の再処理工場も廃止となる。いまもっているプルトニウムも、IAEA（国際原子力機関）に移管し、管理を委託する。勢い、産業は再生エネルギー中心へと舵を切ることになる。産業構造も大いに変わる。実行を伴えば、この非核条項のインパクトは絶大なんだ。

6 僕の夢

最後に、僕の提案の理由を、補足しよう。

まず、なぜ護憲のままではダメなのか。これを護憲のままやれたら、一番よいのに。そう思う人もいるかもしれないね。でも、難しい。なぜなら、この憲法を作ったのが、われわれではないからだ。憲法は、憲法を制定する権力によって決められる。この憲法はとてもよい平和憲法だ。でも、これが作られたのは占領中で、GHQ、つまりアメリカがその草案を作り、日本が受け入れた。その後、アメリカが日本から去ってくれたら、こんなによい贈り物はなかっただろうと思う。しかし、彼らはむろん、立ち去りはしないで、ずっと居座った。

そしてこの憲法を彼らの意のままに動かしてきた。憲法が禁じているにもかかわらず、自衛隊という名の軍隊を日本に作らせたのも彼らだ。日本政府に日米安保条約のもとで米軍基地を置くことを認めさせたのも彼らだ。それが憲法違反だと一九五九年に日本の裁判所が判決をくだしたとき（伊達判決）、時の最高裁判所長官の田中耕太郎を動かして、それを破棄させたのも、アメリカだ。いや、これは正確な言い方ではないだろう。アメリカの意を受けて、日本政府が、そうしてきたのだから。だから、われわれ国民が、憲法の力で、この当初の憲法制定権力としてのアメリカを排除しないことには、日本は政治的な自由を回復できない。つまり本当の意味で独立国になれない。ここで最初の話に戻ると、政治が力を発揮する条件を作れないわけなんだ。それには、彼らの作った憲法を取り返し、そこに彼らの排除を書き込む以外に方法がないんだよ。

僕の憲法九条案は、第五項の書き込み（米軍基地を認めない）でそれをめざしている。そのときの米国との対立で日本が国際社会のなかで孤立しないための「ゆりかご」作りが、第二項、第三項、第四項で準備されている国連とのつながりだ。いまの憲法九条は、日米安保条約、米軍基地とつながっている。そのつながりを断って、別のものとのつながりを作り出すには、憲法にそれを書き込む以外にない。憲法九条をもっと強いものに変えないわけにいかないのさ。

第二として、最低、もう二度と侵略をしないというアジアと世界への約束としての憲法九条の意味なら、護憲でも十分で、いまは、ここを防波堤として戦うべきだ、という主張もあるかもしれない。でも、そのばあいの九条の平和主義は、大人世代にとっては意味があっても、中高生世代にとっては、どう考えても、淋しい。消極的すぎる。いま世界ではいろんな問題が起こっている。中東からのシリア難民受け入れの問題だって、アジアやアフリカの貧困の問題だって、平和の問題だ。憲法前文と九条の理念は、そういう世界の問題に向かっても平和実現のために日本はできるだけのことはする、ということのはずだ。米国の「核の傘」のもと、日本は他国に侵略しない、だからあとは勘弁して、わたし達のほどほどの幸福は大目に見て、とは特に君ら中高生には、淋しすぎる言い分じゃないだろうか。これじゃ誰も日本をよい国にするため、政治家になろうなんて思えなくなる。民主主義も根づかないと思うんだ。だから、やはり、明日ではなく明後日までを見すえたら、対米自立をしっかりとなしとげたうえで、理念は高く掲げる。その素地をいま大人たちが作っておくべきだと、僕は思うんだよ。

ほんとうは国はそれほど前面に出ないで、国民がそういう活動を自由にやっていくことを保証するくらいのゆるやかな社会でいるのが一番いい。なにごとも、マッチョじゃないのがいいからね。でも、それも、まず、国としての独立を得てからの話だ。そうするためには、これくらいの国としての努力が必要となるということなんだ。

井伏鱒二の『黒い雨』という原爆投下を受けた家族を描いた小説がある。そこで主人公が、

「いわゆる正義の戦争よりも不正義の平和の方がいい」といっている。それが日本の平和主義の一番深いところにある言葉だ。日本の戦争体験の原点なんだ。戦争で苦しんだ日本人の叡智が詰まっている。でも僕は、この先に、「正義の戦争」ではなくて「不正義の平和」に立つ理想というものを、考え出す道が、この主人公のつぶやきに答える課題として、残っていると思っているんだ。

「不正義の平和」に基づく理想ってどんなものだろう?

国連とのつながりは、その僕の答えなんだ。

理想というのは大事だ。政治というのは、新しい価値を作り出すための人々の企てだからね。むろん、理不尽なことには立ち向かうんだが、そういう必要と、この理想と二つがあってはじめて、政治は、実現できないと思われていたことを可能にする人間の営みになる。「現実性がない」という見込みをみんなの力で跳ね返すこと、それが、政治の本質なんだよ。

僕は、日本が、ちょうどいま難民受入れに力を入れるドイツみたいに、やはり一度、戦争に負けて苦労した国は、謙虚で、弱者の立場にも想像力が働き、自分を疑いながらやっていくんだなあ、なるほど、負けただけのことはある、と世界の人に、感心されるくらいだといいなあと思っている。何もかもができるとは思ってはいないけれど、軍事的なことは最後の手段にして、どこまでも平和的手段を追求し、たとえばＩＳのような集団に対しても、交渉の呼びかけをやめない国であり続けたいと思う。でも、最後、必要なら、そのときは創設なった国連警察軍の一員として武装して平和維持活動に参加する。そのための法的な裏づけもしっかりとする。しかし、それに先だち、ぎりぎりのところまで経済的な支援、平和的な支援にこだわり、それをどこまでも追求する国であってほしいと思っている。

それが僕の夢なんだよ。

君らはどう思う？

表と裏と表

——政治のことばについて考えてみる

高橋源一郎

高橋源一郎（たかはし・げんいちろう）
1951年、広島県生まれ。作家、文芸評論家。明治学院大学教授。81年『さようなら、ギャングたち』でデビュー。著書に『日本文学盛衰史』（講談社文庫）、『一億三千万人のための小説教室』（岩波新書）、『「悪」と戦う』（河出文庫）、『恋する原発』（講談社）、『非常時のことば』（朝日文庫）、『国民のコトバ』（毎日新聞社）、『銀河鉄道の彼方に』（集英社）、『101年目の孤独』（岩波書店）、『「あの戦争」から「この戦争」へ』（文藝春秋）、『デビュー作を書くための超「小説」教室』『動物記』（共に河出書房新社）、『ぼくらの民主主義なんだぜ』（朝日新書）など多数。88年『優雅で感傷的な日本野球』（河出書房新社）で第1回三島由紀夫賞、2012年『さよならクリストファー・ロビン』（新潮社）で第48回谷崎潤一郎賞受賞。

1　なにかについて考えてみるのは、いいことだ

なにかについて考えてみるのは、いいことだ。そう思う。それがどんなものであったとしても。

たとえば、哲学的なことを考えてみる。

生きる、とは何か、とか。あるいは、存在する、とは何か、とか。どちらも、考えるのはたいへんだ。少なくとも、そのことだけは、誰にだってわかる。

わたしは、昔から、考えるのが好きな子どもだった。まあ、考えないことも、大好きだったんだが。

あるとき（たぶん、4つぐらいのとき）、わたしは、母親に、

「ねえ、ぼくは、どうやって生れたの？」と訊ねた。

こういうとき、ふつう、どうやって答えるのだろう。もしかしたら、あなたたちも、わたしと同じように、ずいぶん前に、こんなことを質問したかもしれない。それで、あなたの母親は、「あなたはね、コウノトリが運んできたの」などと答えたのかもしれない。

わたしの母親は、というと、

「神さまが、あんたのタネを、ママのお腹に埋めこんで、それが育って、お腹が割れて、あんたは生れてきたんだよ」と答えた。

お腹が割れた⁉　わたしは衝撃を受けた。わたしはほんとうに女性ではなくて良かったと思った。それは想像を絶する痛みだろう、と思ったのだ。その衝撃が大きすぎて、母親の回答の前半部分「神さまがタネを埋めこんだ」ということの方は、ほとんど覚えていなかった。けれど、いま考えるなら、なかなか、いい回答ではなかったかと思う。というか、ほとんど正解を教えてくれていたのだ。

それからも、わたしは、両親（基本的には母親）にいろんな質問をした。

「どうして、パパやママやぼくはいっしょにいるの？」とか、

「エイガやテレビの人は、死んだあと、生き返るのは、なぜ？」とか、

「ねえ、どうして、学校に行かなきゃいけないの？」とか、

「お金って、たいせつなの？」とか、

「ママ、いちばん好きなのは、誰？」とか、もろもろ。

そういえば、祖母に「ねえ、おばあちゃん、いつ死ぬの？」とかも訊ねていたっけ。

どれも、なかなか、いい質問だったのではないだろうか。まだ幼かったわたしには、答えを見つけるのは難しかったが、親だって、答えるのは難しかっただろう。

たとえば、あるとき、わたしは子どもに、「ねえ、どうして学校に行かなきゃならないの？」と訊ねられたのだ。

「来た！」と思った。正直にいうと、きちんと正確に答える準備はできていなかった。けれども、完全に準備ができるのを待っていても、そんなときは来ないのだ。わたしたち人間は、みんな、不完全なまま、手持ちの知識と僅かな経験と知性とモラルを総動員して、なんとか答えるしかないのである。

「えっと、まず、学校に行かなきゃならない、ってことはありません。あるとすれば、憲法に『教育の義務』というのが書かれていて、親は、子どもを、義務教育の学校に連れていかなければならないからです。要するに、法律で決まっていて、親には義務があるからで、きみは、学校に行く義務はありません。じゃあ、なんで、行くことになるのか。どうしてなんでしょうねえ、お父さんにもよくわかりません。たぶん、みんなが行くから、行く、っていうだけのことじゃないでしょうか。学校に行くと、いろんなことを学べて、たいへん役に立つから、ということになっていますが、それも怪しいです。だいたい、学校で教わったことの9割は覚えていません。お父さんは、理科や社会で習ったことはほぼ全部、英語の文法や単語も覚えてないし、算数というか数学も覚えていません。でも、それで不便だと思ったことはありませんね。ということは、学校というところは、みんなで同じ時間に集まって、同じ場所にいて、同じことを、同じように書いたり、音読したりする、それがイヤにならないよう訓練する場所なんじゃないでしょうか。それは、つまり、社会というところに入ったとき、同じことが起こるので、そのとき、そんなおかしなことはしたくない、と思わないよう、小さい頃から慣れさせておくためじゃないかな。よく知らないけど」

わたしの回答は、多数の人たちの共感を得ることはできないかもしれない。残念なことだ。けれども、わたしの経験からいうなら、全力でものを考える、ということをしてみると、そういうことが起こる確率が高いような気がするのである。

そう。ものごとを深く考える、と多くの場合、多くの人から嫌われたり、こいつ変なやつだな、といった目で見られたりする。

なぜだろうか。

それは、ふつう、人はものを考えたりしないからだ。

そうかなあ？

だって、テレビを見たりしていると（テレビ以外でもいいけど）、政治に関する討論会で、そこに出ている人たちは、腕を組んで、眉をしかめ、どうやらいろいろなことを考えたりしているらしく、そのあとで、重々しく、なにかを発言したりしている。あの「腕を組んで、眉をしかめ」ているときには、なにかを「考え」たりしているのではないか。

でも、そういう格好にだまされてはいけません。

計算問題に没頭しているときだって、わたしたちは、「腕を組んで、眉をしかめ」て「考え」たりする。「ににんがし、にさんがろく、にしがはち……じゃあ、にひちは……なんだっけ？」とか。それは、「考えている」のではなく、「思い出している」だけだ。

「ねえ、あなた、昨日の夜、どこにいたの？　携帯に何回もかけたんだけど、出なかったよね？」

そう、あなたが訊かれたとする。あなたは、顔をしかめ、遠くの方を見つめながら「考える」。それは「考える」というより、「言い訳」をひねり出しているだけの場合が多い。もちろん、それもまた、「考える」ことの一部ではあるのだが。

こうなってくると、まず「考える」とは何か、ということを、最初に「考える」必要があるのではないか。この問題についての、わたしの「考え」を、まずお伝えしたいと思います。

2　どういうときに、人間は「考える」ということをするのか

どういうときに、人間は「考える」ということをするのか。

こんなときではないかと思う。

たとえば、あなたは、いろんな理由で（わからないけど）、ある、知らない場所へ追放されたか、取り残されたか、置いていかれたかしたのである。どこだかぜんぜんわからない。腹が減ってきたし、のども乾いてきた。ヤバい。すると、目の前に、水たまりがあった。でも、

なんだかものすごく濁っている。それから、近くに樹があって、そこには、なんだか実のようなものがなっている。さあ、どうしよう。もしかしたら、このすべては「ドッキリ」で、もうすぐ誰かが助けに来るかもしれないから、待っていることにする？　それとも、水ぐらいは飲んでみる？　でも、その水、大丈夫？　飲んで、猛烈な下痢に襲われたら、どうする？　その実の方だって、甘い匂いがするけど、毒性のある実は、甘い匂いがする場合があるから、食べていいのかな？　どうする？　そうこうするうちに、どこからか、知らない人たちの声が聞えてきた。助けを求める？　でも、その人たちこそ、危険かもしれないのだ。

さて、どうしよう。

どうしよう、といったって、どうしようもない。そのとき、わたしたちにできるのは、自分の経験のすべてをもとにして、もっとも生き残る確率が高い方法を見つけ出すことだけだ。生きるためには、手持ちをすべて投げ出すしかない。こんなとき、痛いぐらいに思う。ああ、もうちょっと、きちんと生きて、経験しておけばよかったのに、いろんなことを！

わたしが「考える」ということを「考える」とき、想像するのは、こんな状況だ。「考え」なければ生きていけない。そのためには、もっているもの、すべてを動員する。いや、もっているものだけでは足りないので、ないかもしれないけれど、さらに自分のどこかに隠れていそうなものを探すこと。

では、そんなとき、なにが起こるのか。

なにが起こるのか、わからないのである。

一回、一回、ちがう、というか。そんな感じ。なぜなら、置かれた状況によって、その僅かなちがいによって、たどり着く結論は異なるに決まっている。だから、ほんの少し先の未来のことなど、まったくわからない。その、まったくわからない、ほんの少し未来を生きるために、そこで生きてゆくために、自分が置かれている状況について、全力で、調べてみる。それが「考える」ということだ、とわたしは「考え」ている。

少し、具体的にいおう。

「では、タカハシさんは、『民主主義』について、どう考えていらっしゃいますか?」

こう訊ねられる。すると、わたしは、

「『民主主義』というのは、通常、考えられているものとは異なり、多数決とか、そういった制度ではなく、そもそも、たくさんの異なった考えの人たちが一緒にやっていくための試行錯誤そのもので、だから、完璧な『民主主義』なんてものはなくって、いつも『途中』なものなんだと思うんです」

……と答える。なんかいい感じ……いや、そうじゃない。この、自分の回答を読んで、わたしは「まずいな、これ」と思うのである。

確かに、わたしは、あるとき、一生懸命「考え」て、以上のようなことをいったか、書いたか、した。でも、それから時間がたって、質問されたときには、一生懸命「考え」たりはせず、かつて一生懸命「考え」たことと同じことをしゃべったのである。そういうのって、「考える」っていわないんじゃないかな、とわたしは思うのだ。

はっきりいおう。なにかについて「考える」というとき、そのなにかについて、人は、一回、一回、ちがったことを「考える」はずだ。だって、最初に「考え」たときから、その人は、またいろいろな経験をして、少しかもしれないけれど、変わっているはずだ。ならば、変わってしまったその人は、なにかについて、最初と同じように「考える」わけがない。だから、なにかについて「考える」ときには、毎回、毎回、ちがったことを「考える」、というか、毎回、毎回、ちがったことをいうはずである。

「じゃあ、タカハシさんは、同じ質問をされても、毎回、毎回、まるでちがったことを回答したりするわけですか?」

アイ・ホープ・ソウ。

そうだったら、最高だよね。でも、わたしにはそこまで「考える」能力はありません。だから、だいたい、同じようなことしかいえないんですよ。

さて、ここで、問題が一つでてくる(一つだけじゃないけど)。それは、そんなに、なにかを「考える」ことが、不確定なら(まあ、はっきりしない、ということです)、どんな根拠があって、「考える」ことができるのか。

つまり、「『民主主義』って、なんですか?」と訊ねられても、どんな風に回答するのか、当人すらわからないとしたら、そもそも、どんな風に「考え」ていけばいいのか、わからないではないか。あるいは、どこから「考えて」いけばいいのか。どう「考え」れば、正解にたどり着くことができるのだろうか（仮に、「正解」があるとしての話だけれど）。

3 なんか変だ、と思ったのだ

なんか変だ、と思ったのだ。

その「なんか」のことについて書いていきたいと思います。

それは、今年（2016年）の5月27日、アメリカのオバマ大統領が、広島で行った演説だ。その演説は、とても美しいことばに彩られていた。わたしは、立派だと思った。そのあと、わたしたちの国の首相も演説をしたのだけれど、そちらは、すごくつまらなくて、ほんとに困った。まあ、単なる演説じゃないか、ということもできる。でも、演説というのは、要するにことばだ。そして、政治というものは（その多くの部分は）ことばでもできている。

憲法もことばだし、法律もことばだ。「民主主義」というのもことばで、政治家たちは、もっぱら、ことばでなにかをいおうとしている。彼らに出会うのは、彼らがしゃべっている、すなわち、ことばを発射しているところを見るときだ（それ以外のときに、なにをしているのかは知らない。マスコミのエラい人とか、経済界のエラい人たちと会食をしているらしいけど）。

選挙のときだって、それぞれ、お互いを攻撃することばを投げかけたり、自分たちはこういうことをするんだ、と主張したりしている。だから、政治というのは、相当の部分、ことばでできているといってもいいだろう。

アメリカの大統領選挙なんかを見ていると、もしかしたら、政治というものの94％ぐらいは、ことばという成分でできているのではないか、と思えてくる。

そして、その日、アメリカという国のオバマという大統領が、日本の広島にやって来て、素晴らしい演説をしてくれたのである。

「71年前、明るく、雲一つない晴れ渡った朝、死が空から降り、世界が変わってしまいました。閃光《せんこう》と炎の壁が都市を破壊し、人類が自らを破滅させる手段を手にしたことを示したのです。

なぜ私たちはここ、広島を訪れるのか。私たちはそう遠くない過去に解き放たれた恐ろしい力に思いをはせるために訪れるのです。10万人を超す日本人の男女そして子どもたち、何千人もの朝鮮人、十数人の米国人捕虜を含む死者を悼むために訪れるのです。彼らの魂が私たちに語りかけます。私たちに内省し、私たちが何者なのか、これからどのような存在になりえるのかをよく考えるように求めているのです。

広島を際立たせるのは戦争の真実ではありません。暴力を伴う紛争は太古の昔からあったことが古代の遺物からわかります。火打ち石から刃を作り、木からやりをつくることを学んだ私たちの祖先は、これらの道具を狩猟だけでなく、人間に対しても使ったのです。食糧不足、富への渇望、国家主義的な熱烈な思いや宗教的熱情に突き動かされ、世界のどの大陸でも文明の歴史は戦争にあふれています。いくつもの帝国の興亡があり、人々は服従を強いられたり、解放されたりしました。それぞれの時期に罪なき人たちが犠牲になり、その名は時がたつにつれて忘れられていきました。

広島と長崎で残酷な終結を迎えることになった世界大戦は、最も豊かで、最も力の強い国々の間で戦われました。それらの国の文明は世界に偉大な都市や素晴らしい芸術をもたらしました。思想家たちは正義や調和、真実に関する考えを生み出してきました。しかし戦争は、最も単純な部族間の紛争の原因となった、支配や征服をしたいという本能と同じ本能から生れてきたのです。新たな能力によってその古いパターンが増幅され、ついには新たな制約がなくなってしまったのです。

数年の間で6千万人もの人たちが亡くなりました。男性、女性、子ども、私たちと何ら変わりのない人たちが、撃たれ、殴られ、行進させられ、爆撃され、投獄され、飢えやガス室で死んだのです。この戦争を記録する場所が世界に数多くあります。勇気や英雄主義の物語を語る記念碑、筆舌に尽くしがたい悪行を思い起こさせる墓地や無人の収容所です。

しかし、この空に立ち上がったキノコ雲のイメージのなかで最も、私たちは人間性の中にある根本的な矛盾を突きつけられます。私たちを人類たらしめているもの、私たちの考えや想像力、言語、道具をつくる能力、自然を自らと区別して自らの意思のために変化させる能力といったものこそが、とてつもない破壊能力を私たち自身にもたらすのです。

物質的な進歩または社会的革新によって、私たちは何度この真実が見えなくなるのでしょうか。どれだけたやすく、私たちは何かより高い大義の名の下に暴力を正当化してきたでしょうか。あらゆる偉大な宗教が愛、平和、公正への道を約束しています。しかし、いかなる宗教も信仰が殺戮《さつりく》の許可証だと主張する信者から免れていません。

国家は人々を犠牲と協力で結びつける物語を伝え、顕著な業績を可能にしながら台頭します。しかし、それらの同じ物語は、幾度となく異なる人々を抑圧し、その人間性を奪うために使われてきました。

（中略）

科学技術の進歩は、人間社会に同等の進歩が伴わなければ、人類を破滅させる可能性があります。原子の分裂を可能にした科学の革命には、道徳上の革命も求められます。だからこそ、私たちはこの場所を訪れるのです。私たちはここに、この街の中心に立ち、原子爆弾が投下された瞬間を想像しようと努めます。目にしたものに混乱した子どもたちの恐怖を感じようとします。私たちは、声なき叫びに耳を傾けます。私たちは、あの恐ろしい戦争で、それ以前に起きた戦争で、それ以後に起きた戦争で殺されたすべての罪なき人々を思い起こします。

単なる言葉だけでは、こうした苦しみに声を与えることはできません。しかし私たちは、歴史を直視する責任を分かち合っています。そして、こうした苦しみの再発を防ぐためにどうやり方を変えるべきなのかを問わねばなりません。いつか、証言するヒバクシャ（被爆者）の声が聞けなくなる日がくるでしょう。しかし、1945年8月6日の朝の記憶を薄れさせてはなりません。その記憶は、私たちが自己満足と戦うことを可能にします。それは私たちの道徳的な想像力を刺激し、変化を可能にします。

（中略）

私たちは、人間の悪をなす能力をなくすことはできないかもしれません。だからこそ、国家や私たちが作り上げた同盟は、自衛の手段を持たなければなりません。しかし、私の国のように核を保有する国々は、恐怖の論理にとらわれず、核兵器なき世界を追求する勇気を持たなければなりません。

私の生きている間に、この目標は実現できないかもしれません。しかし、たゆまぬ努力によって、悲劇が起きる可能性は減らすことができます。私たちは核の根絶につながる道筋を示すことができます。私たちは、ほかの国への核拡散を止め、狂信者たちから死をもたらす（核）物質を遠ざけることができます。

（中略）

そして、おそらく何にもまして、私たちは一つの人類の仲間として、互いの関係をつくり直さなければいけません。なぜなら、そのことも人類を比類なき種にしているものだからです。私たちは遺伝情報によって、過去の間違いを繰り返す運命を定められているわけではありません。私たちは学び、選ぶことができます。人類が共通の存在であることを描き、戦争をより遠いものにし、残虐な行為は受け入れられがたいような、異なる物語を私たちは子どもたちに伝えることができます。

私たちはこうした物語を、ヒバクシャの中にみることができます。原爆を投下した爆撃機のパイロットを許した女性がいます。なぜなら、彼女は本当に憎いのは戦争そのものだと分かっていたからです。ここで殺された米国人たちの家族を捜し出した男性がいました。なぜなら、彼は彼らの喪失は自分たちの喪失と等しいと信じていたからです。

私の国の物語はシンプルな言葉から始まりました。『すべての人は等しくつくられ、生命、自由、幸福追求を含む、奪われることのない権利を創造者から授けられた』。そうした理想を実現するのは、たとえ私たちの国内であっても、国民同士であっても、決して簡単なことではありませんでした。しかし、その物語へ忠実であり続けることは、努力に値することです。大陸を越え、海を越えて追い求められるべき理想なのです。すべての人の減らすことのできない価値。すべての命は尊いという主張。私たちはたった一つの人類の一員なのだという根本的で欠かせない考え。これらが、私たち全員が伝えていかなければならない物語なのです。

それが私たちが広島を訪れる理由です。私たちが愛する人のことを考えるためです。朝起きて最初に見る私たちの子どもたちの笑顔や、食卓越しの伴侶からの優しい触れあい、親からの心安らぐ抱擁のことを考えるためです。私たちはそうしたことを思い浮かべ、71年前、同じ大切な時間がここにあったということを知ることができるのです。亡くなった人たちは、私たちと変わらないのです。

普通の人たちは、このことを分かっていると私は思います。普通の人はもう戦争を望んでいません。科学の驚異は人の生活を奪うのでなく、向上させることを目的にしてもらいたいと思っています。国家や指導者が選択をするにあたり、このシンプルな良識を反映させる時、広島の教訓は生かされるのです。

世界はここで、永遠に変わってしまいました。しかし今日、この街の子どもたちは平和に暮らしています。なんて尊いことでしょうか。それは守り、すべての子どもたちに与える価値のあるものです。それは私たちが選ぶことのできる未来です。広島と長崎が『核戦争の夜明け』ではなく、私たちが道徳的に目覚めることの始まりとして知られるような未来なのです」

（2016年5月28日　朝日新聞）


若干は削ったけれど、これが、「オバマ演説」のほぼ全部だ。みなさん、これを読んで、どう思われるだろうか。

この演説が放送されたとき、それから、そのあとで、多くの称賛の声があがった。アメリカの大統領として、初めて、被爆地・広島を訪ね、その場所で、核兵器の恐ろしさについて語ったこと。世界の平和について理路整然と語ったこと。等々。どれも、なかなかできないことだ。

もちろん、中には、疑問を呈する人もいた。そもそも、原爆を投下したのはアメリカで、そのアメリカの責任について、ひとこともしゃべらないのは無責任ではないか、とか。どちらの言い分ももっとものような気がする。

では、わたしは、なにを感じたのか。

一つは、これは、とてもうまい文章だなあ、ということだ。別の言い方をするなら、立派で美しいことばに溢れているなあ、ということだ。有力な政治家の演説は、当人ではなく、優秀なスピーチライターが書くというから、オバマ大統領の下には、たいへん有能なスピーチライターがいるのだろう。ことばを製作することを専門としているわたしのような作家の目から見ても、このことばの塊は、すごくいいんじゃないかな、と思う。

しかし、である。もう一つ、わたしは、別のことを感じた。そのことについて書いてみたい。

わたしが感じたのは、この節の最初に書いたとおりである。

「なんか、変だな」と思ったのだ。なんか、ね。

もちろん、わたしは、読みながら、「ここが変」とか「ああ、これも、ちょっと」と思う箇所がいくつもあった。それから、美しいと思い、また「変だなあ」と思った。

こういうとき、わたしは、「考える」ようにしている。

「こういうとき」というのは、そこに、「考える」に値する「なにか」がある、と感じられるときのことだ。

それは、ちょっとした「勘」のようなものだ、といってもいい。

どこかを歩いていて、不意に、なにかを感じる。

「どうしたの?」と隣を歩いている誰かがいう。それに対して、わたしは、足を止め、それから、あたりをうかがい、こう答える。

「ねえ、なにか感じない?」

「なにも」

「あっ、そう。ごめん。ぼくの気のせいなのかも」

そして、また、わたしたちは歩きはじめる。

わたしの体内に秘かに埋まっている、ちっぽけなレーダーがなにかに反応したのだ。でも、なにに反応したのか、わからない。目を閉じ、神経を集中する。前もって、結論のようなものを決めない。ただ、レーダーの感度をあげる。それだけ。

すると、なにかが、微かに、うっすらと、映ってくるのだ（うまくいけばの話なのだが）。

4　確かに、素敵なところが多いのだ

確かに、素敵なところが多いのだ。

「人類が共通の存在であることを描き、戦争をより遠いものにし、残虐な行為は受け入れられがたいような、異なる物語を私たちは子どもたちに伝えることができます。

私たちはこうした物語を、ヒバクシャの中にみることができます。原爆を投下した爆撃機のパイロットを許した女性がいます。なぜなら、彼女は本当に憎いのは戦争そのものだと分かっていたからです。ここで殺された米国人たちの家族を捜し出した男性がいました。なぜなら、彼は彼らの喪失は自分たちの喪失と等しいと信じていたからです」とか。

「すべての人の減らすことのできない価値。すべての命は尊いという主張。私たちはたった一つの人類の一員なのだという根本的で欠かせない考え。これらが、私たち全員が伝えていかなければならない物語なのです。

それが私たちが広島を訪れる理由です。私たちが愛する人のことを考えるためです。朝起

きて最初に見る私たちの子どもたちの笑顔や、食卓越しの伴侶からの優しい触れあい、親からの心安らぐ抱擁のことを考えるためです。私たちはそうしたことを思い浮かべ、71年前、同じ大切な時間がここにあったということを知ることができるのです。亡くなった人たちは、私たちと変わらないのです」とか。

ここには、具体的な人たちが出てくる。それから、それほど具体的ではないけれど、きっと、そんな人たちがいるんだな、と思える人たちが出てくる。まるで、小説みたいだ。そう思うと、他の、ほとんどの演説が、つまらなく見えてくる。そして、こういうことをしゃべるオバマさんが、ものすごく、いい人であるように感じる。

……それなのに、わたしには、どうしても、ひっかかるものがある。そのことについては、さっきも書いた。具体的な文章の中身ではない。なにかもっとずっと、ちがった、なにかが。それが、わたしが、このことばを受け入れることを妨害しているのである。この人がとてもいい人だ、ということに、ほんの少し、疑いの気持ちを起こさせているのである。どこか、この、感じのいい微笑みが、ほんの少しだけ「作り笑い」に見えてくる。そう感じさせる、なにかが、ここにはある。おそらくは、あらゆる演説、政治的なことばの中でも、最上質の、この文章にさえ、小さな傷のようなものがあることが感じられるのだ。わたしは、それを「考え」たい。

5 わたしは、「私」の数を数えてみることにした

わたしは、「私」の数を数えてみることにした。なんとなく。いや、この演説で、「私たち」ということばがずいぶんあったからだ。

すると、こういう結果になった。

（1）私たち（WE、OUR、US）＝45個。

（2）私（I、MY、ME）＝4個

さらに、（2）に使われた「私」は、どんな風に使われたかも見てみよう。

（a）「私の国」（nations like my own）

（b）「私の生きている間」（in my life time）

（c）「私の国の物語」（my own nation's story）

（d）「普通の人たちは、このことを分かっていると私は思います」（Ordinary people understand this, I think）

オバマさんは、「私」ということばを使わないのである。いや、ほんの少しだけ使っている。それも用心深く。（a）と（c）を見てみよう。オバマさんの使った数少ない「私」のうち、半分は、「国」に付属している。というか、「国」とセットになっている。オバマさんは、ただの「オバマさん」ではない。「アメリカ大統領のオバマさん」ということを、はっきりさせるために、「私」ということばを使っている。（b）の「私」もそうだ。ここでは「私」でなくってもかまわない。誰か、もっと他の人、オバマさんと同じ時代に生きている「私」なら、誰だっていいのである。となると、この長い、素晴らしい、素敵な演説の中で、オバマさんが「私」を使ったのは、それも「think」と一緒に使ったのは、（d）の一度だけだ。「私は思う」は一度だけ。そして、そこでも、オバマさん自身の考えは、ほとんど何も表明されていないのである。

不思議だ、とわたしは思った。「私は思う」がない文章、「私が思う」とは決していわない演説を読みながら、いったい、みんなは（というか、わたしもだけど）、なにに感動したのだろうか。

わたしは、オバマさんの演説を読みながら、これはなんと「考え」ぬかれた文章だろうか、と思った。ただし、オバマさん（やオバマさんのスピーチライター）の「考える」は、わたしが使う「考える」とは、ちがった意味をもっているように思える。

その主語の大半が「私たち」であること。そして、「私」を極力、使わぬようにすること。それが、この演説の主たる目的であるように、わたしには思えた。


「なぜ私たちはここ、広島を訪れるのか」

「彼らの魂が私たちに語りかけます。私たちに内省し、私たちが何者なのか、これからどのような存在になりえるのかをよく考えるように求めているのです」

「しかし、この空に立ち上がったキノコ雲のイメージのなかで最も、私たちは人間性の中にある根本的な矛盾を突きつけられます。私たちを人類たらしめているもの、私たちの考えや想像力、言語、道具をつくる能力、自然を自らと区別して自らの意思のために変化させる能力といったものこそが、とてつもない破壊能力を私たち自身にもたらすのです」

「しかし私たちは、歴史を直視する責任を分かち合っています。そして、こうした苦しみの再発を防ぐためにどうやり方を変えるべきなのかを問わねばなりません。いつか、証言するヒバクシャ（被爆者）の声が聞けなくなる日がくるでしょう。しかし、1945年8月6日の朝の記憶を薄れさせてはなりません」

「すべての命は尊いという主張。私たちはたった一つの人類の一員なのだという根本的で欠かせない考え。これらが、私たち全員が伝えていかなければならない物語なのです。それが私たちが広島を訪れる理由です。私たちが愛する人のことを考えるためです」

う。

「わたし」も「ヒバクシャ」も、おそらくは「ＩＳＩＳ団」の人たちだって入っているだろう。

「私たち」とは「人類」のことだ。だから、この「私たち」の中には、「オバマさん」も「わたし」も「ヒバクシャ」も、おそらくは「ＩＳＩＳ団」の人たちだって入っているだろう。

「人類」が核兵器を使い、「人類」が被害にあう。「私たち」が「私たち」を苦しめる。困ったものだ。もう止めようよ。そう、オバマさんは、いうのである。

このとき「私たち」は、ほとんど意味をなくしている。仕方ないのだ。なぜなら、オバマさんは「アメリカ国民の大統領」であって、アメリカにいるときには、「私たち」を「アメリカ国民」の意味で使っている。だから、外国に来たときには、ほんとうは、わたしたち「日本国民」に向って「あなたたち」といわねばならない。けれども、それでは、「私たち」が「あなたたち」に核兵器を使用したことになる。だから、オバマさんは、「あなたたち」とはいわない。そっと、「私たち」の使用範囲を拡大するのである。

あらゆる演説は、というか、あらゆる政治的なことばは、こんな風に、「私たち」ということばを使うのが好きだ。「私たち」は伸縮自在なことばだからだ。

「私たち」の中には、「いい人」も「悪い人」もいる。「加害者」も「被害者」もいる。「責任を問われなければならない人」も、そうでない人もいる。そのことを、わたしたちは、薄々、知っている。けれども、オバマさんは（というか、政治のことばを使う人は）、それが誰なのか、「私たち」がどんな風に分けられなければならないのか、はいわないのである。そして、そのことばを耳にしているとき、「私たち」はというと、なんとなく、自分は、「いい人」の側にいるような気がしてくる。

「私」は「私たち」という、ほんとうは誰のことを指しているのかわからない、抽象的な、甘い囁《ささや》きの中で、自分を見失っていく。それこそが政治のことばが目指す唯一の目標なのである。

人口減少社会について根源的に考えてみる

平川克美

平川克美（ひらかわ・かつみ）

1950年、東京都生まれ。株式会社リナックスカフェ代表取締役。声と語りのダウンロードサイト「ラジオデイズ」代表。立教大学MBA特任教授。文筆家。早稲田大学理工学部機械工学科卒業後、翻訳を主業務とするアーバン・トランスレーションを設立。99年シリコンバレーのBusiness Cafe Inc.の設立に参加。著書に『移行期的混乱』（ちくま文庫）、『俺に似たひと』（朝日文庫）、『小商いのすすめ』『「消費」をやめる』（共にミシマ社）、『グローバリズムという病』（東洋経済新報社）、『路地裏の資本主義』（角川SSC新書）、『復路の哲学』（夜間飛行）、『「あまのじゃく」に考える』（三笠書房）、『一回半ひねりの働き方』（角川新書）、『何かのためではない、特別なこと』（平凡社）、『言葉が鍛えられる場所』（大和書房）などがある。

人口減少に対する筋違いの俗論

近頃は、株価や景気といった短期的な話ばかりが声高に語られますが、長期的な話となると、論点がぼけてしまい、感情的な議論ばかりが先走ってしまう傾向があります。人口減少に関しては、そのマイナス面ばかりが取り沙汰されていますが、人口が減少し、経済成長がない社会をどのように設計したらよいのかという議論がなされることはほとんどありません。先日読んだ本の中に、「パーティーの真っ最中には誰もそろそろお開きにとは、言いたがらない」[*1]という台詞がありましたが、今の日本の状態は、パーティーはとっくに終わっているのに、まだまだ後片付けもできず、酔いもさめず、成長の宴の余韻に浸っているといったところかもしれません。その象徴的な言葉が「経済成長戦略」です。今の日本において、考えるべきは「経済成長戦略」ではありません。わたしは、自著[*2]でも書きましたが「経済成長しなくともやっていける戦略」こそが、今考えなくてはならないことだと思っています。

2005年から2009年までをピークに、日本の総人口が減少し始めました。その10年ぐらい前には、出生率が明らかに低下し始めました。当時、多くの人々はこの現象について、

*1 工藤律子『ルポ　雇用なしで生きる』、岩波書店、2016年。マドリード・コンプルテンセ大学経済学部のラファエル・ミロ教授が、スペインの住宅バブルを評して言った言葉。
*2 平川克美『移行期的混乱——経済成長神話の終わり』、筑摩書房、2010年。

なぜそういうことが起きているのか、これからどうなっていくのかについて、あまり深くは考えていなかったように記憶しています。たとえば、2007年、当時の柳澤伯夫厚生労働大臣は「女性の数は決まっている。産む機械、装置の数は決まっているから、あとは一人頭で頑張ってもらうしかない」と発言して、物議をかもしました。

この発言には、見識を疑われるようなたとえ話が含まれており、多くの人々の怒り（と失笑）を買いました。その結果、この大臣発言の本来の趣旨については、あまり議論されることがなかったのですが、この人がここで本当は何を言いたかったのかを考えてみることは意味のあることだろうと思います。この人の発言は、出生率に関する、二つの決定要因（この人が考えている）から、一つのロジックを組み立てたものです。つまり、出生率は、A：その時代の出産可能年齢の女性の数に関係している（確かにそうです）。もう一つの決定要因は、B：子どもを産むか産まないかという女性の選択あるいは、努力に関係している（これも確かにその通りかもしれません）。

それで、この人がどのように論理を組み立てたのかというと、Aは動かしようがないので、Bを変えなければ出生率は上がらないと言うのです。もし、「産む機械」といった暴言がなければ、柳澤大臣の発言を支持する人がいたかもしれません。実際に、多くの人が、言い方こそ違え、同じような推論をしているのではないでしょうか。しかし、出生率と女性が子どもを産んで育てるという努力との間に、相関関係が成立するかどうかは微妙な問題です。わたしは、柳澤さんのような考え方は、結構流通している考え方だと思いますが、ほとんど何の根拠もない、思い込みに過ぎないと思っています。その理由については、後ほど詳しく論証します。

もうひとつの例は、２０１４年の麻生太郎財務相の発言です。もともとは、選挙の応援演説での発言でした。発言の趣旨は、高齢化社会になったのは、老人が増えたからじゃなくて、女性が子どもを産まないことが問題なのだというものです。

この部分もう一度採録してみましょうか。YouTube に発言が残っていますから。

日本の場合は少子高齢化になって、昔みたいに働く人六人で高齢者一人の対応をしていたものが、今はどんどん子どもを産まないから、なんか高齢者が悪いようなイメージに作ってる人がいっぱいいるけど、子どもを産まないのが問題なんだからね。長生きしたのが悪いこと、なんか言ってもらったら困りますよ。子どもが産まれないから結果として、三人で一人の高齢者を、もう少しすると二人で一人になっちゃう。それは間違いなく、税金が高くなるということですよ。それを避けるためには、みんなで少しずつ負担してもらう以外に方法はありません。ということで、私どもは消費税ということを申し上げております。

（２０１４年12月7日）

ちょっと驚くほどの粗雑な発言で、さすがに非難が殺到しました。それで麻生さんはこんな釈明をしました。「人口減はものすごく国力に影響する大きな問題。経済的事情で産めないのは、放置できる話ではない」として、人口減を国力の問題にリンクさせています。そして、自らの発言に関しては「産みたくても産めない」と言うべきだったとし、「誤解を招いた点は、（説明に）時間をかけるべきだった」と、その発言内容よりは、言葉遣いがまずかったのだと言ったのです。麻生さんらしいですが、そもそも彼は何が言いたかったんでしょうか。問題は二つです。

ひとつ目は、社会全体の高齢化に関することで、まず認識の最初に、高齢化はよくないというのがあるのだと思います（そうでなければ、この発言にはなりませんから）。なぜよくないかといえば、それは国力を減じるからだとも言っています。わたしは随分不正確な言い方だと思うのですが、その趣旨についてはある程度は納得できる部分があります。正確には、人口減はGDPを押し下げるというべきでした。しかし、GDPが下がることイコール国力が衰退するという考え方はどうでしょうか。国力とは何かという定義が曖昧であることはひとまず措くとしても、麻生さんが国力とはGDPだと考えていることについては、どうなんでしょうか。

二つ目の問題は、その「よくない高齢化」の原因は、高齢者にあるわけではないと言っていることです。もちろん、高齢化の問題は、高齢者に責任がないことは当然なのですが、結果的に人口バランスが高齢化に傾いてしまったんだ、だから悪いのは、高齢者じゃなくて子どもを産まない女性の方なんだと言っているわけです。まあ、知性というか、品性が疑われるような発言です。

どちらも、ずいぶん頓珍漢な認識なのですが、言葉遣いを除けば、結構こういった考え方をしているひとは多いのではないかと思います。

わたしは、これから、これらの考え方が、筋違いの俗論であることを、基本的なデータをもとに論理立ててご説明したいと思います。

本論に入る前に、現在流布している俗論を整理してみます。おおよそ、以下の五つぐらいでしょうか。

1　出生率は、女性の産む産まないの選択や、努力によって決まる
2　老齢化の要因は、女性が子どもを産まないことが原因である
3　出生率の低下は、国力と関係しており、ＧＤＰを押し下げるので問題である
4　女性が子どもを産まないのではなく、経済的理由によって産めないから出生率が低下している

5　出生率の低下（人口減少）や老齢化は、社会負担が増大するので解決すべき問題である

どうですか。何となく、その通りだと思ってしまう方がいるかもしれません。半分は正しいけど、半分はどうもねという方もいるかもしれません。総論はいいけど、各論はだめだとか。でも、上に列挙した考え方は、そのどれもが、原理的にはありえない、筋違いの立論なのです。そのことを、これからご説明していきたいと思います。

本当の問題はそこにあるのではない

これから一つのグラフ（図1）をご覧いただきます。これは、これまでにもいろいろなところで何度も引用されているグラフですので、皆さんもどこかでご覧になっていると思います。

なかなか刺激的な資料ですね。同様のグラフは、国土交通省や、総務省にもありますが、少しずつ変更されていて、このグラフが最新のデータを反映しているようなので、このグラフでお話を続けます。どのあたりが、変更されているかというと、人口のピークが2004年から2009年までの範囲で、グラフによって年次が異なっています（実際のところ、この

図1　長期的な人口の推移と将来推計

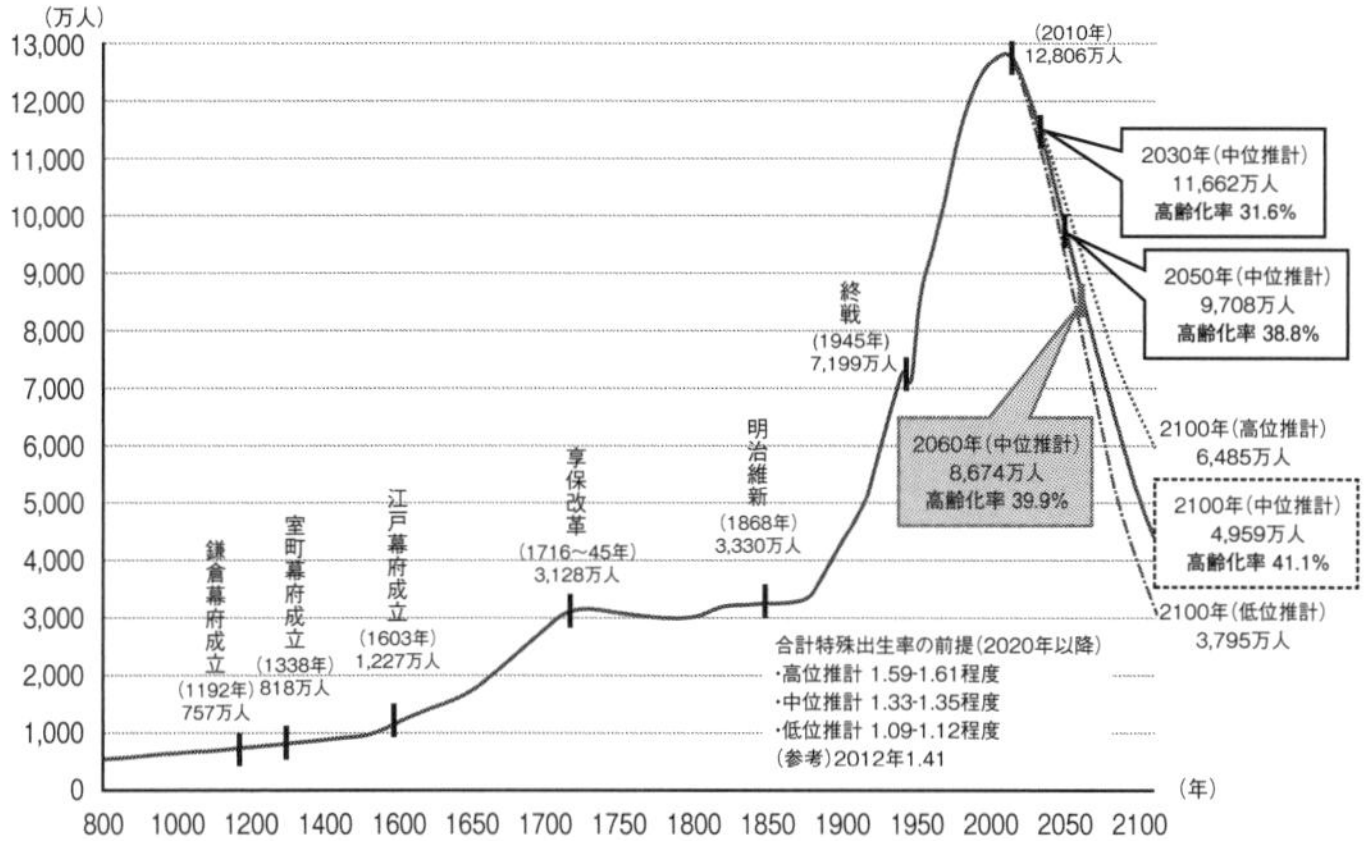

(備考) 国土交通省「国土の長期展望」(2011年)をもとに作成。
2010年以前の人口:総務省「国勢調査」、国土庁「日本列島における人口分布の長期時系列分析」(1974年)
それ以降の人口:国立社会保障・人口問題研究所「日本の将来推計人口(平成24年1月推計)」
*内閣府作成資料より　http://www5.cao.go.jp/keizai-shimon/kaigi/special/future/0214/shiryou_04.pdf

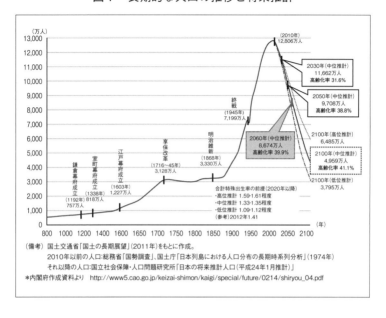

差は大した問題ではありません。超長期的な時間幅の中では、数年のずれはほとんど無視できる差異ですので)。しかし、ややこしいので、この論考では２００９年をピークにして人口減少が始まったということにしたいと思います。

もう一つの変更点は、２１００年の日本の総人口ですが、これについても諸説ありますが、ここでは上記のグラフの中位推計である４９５９万人、高齢化率41・１％という数字を採用して話をすすめていきます。

さて、上記のグラフですが、一目して分かるように、鎌倉時代以前から、現代までの人口の推移、そして２１００年ごろまでの将来人口推移予想が示されています。

さて、このグラフから何が分かるのでしょうか。

読者の皆さんは、何を読み取るでしょうか。

「２００９年から、ものすごい勢いで人口減少が進んでいます」

はい、そうですね。

それまで伸びあがってきたのとほとんど同じ速度で、縮んでいくという様子が描かれています。多くの方は、そこに注目するのだろうと思います。でも、このグラフの持つ、凄さというか、衝撃は、実はそこではないのです。

大切なのは、次のことです。

およそ日本の総人口が数えられるようになって以来、これまでの歴史の中で、２００９年に至るまでは、ただの一度も長期的な人口減少をしたことがないということなのです。その意味ではこのグラフは、たとえば、戦後のＧＤＰの伸び率をプロットしたグラフや、株価の変化を示すグラフとは全く、意味合いが異なるものなのです。ＧＤＰも、株価も、上がったり下がったりして、折れ線グラフはまるでのこぎりの歯のような形になりますね。ところが、こちらのグラフは２００９年までは、緩やかか急激かの違いがあるだけで、一方的に右肩上がりで進み、２００９年で折り返して今度は、一方的に右肩下がりになっています。

この違いをどのように考えるべきなのでしょうか。一方は、短期的な変化を示し、もう一方はとても長期的な変化をしているということです。ではなぜ、一方は短期的な変化を示し、もう一方は長期的な変化を示しているのか。これが大変重要な問題になるのです。

人間の選好に合理性はあるのか

短期的な変化の原因は、たとえば為替の動向や、株価の動き、景気、ヘッジファンドの思惑、人々の気持ちの揺れなど、様々な要因によるわけですが、為替も、景気も、人々の気持ちも、時々の他の動きの結果としてあらわれるものです。つまり、それらは結果であり、その結果が次の事象の原因となり、その原因がまた新たな結果を増幅するというように動いていくわけです。こういった、相互に影響しあうことを再帰性といいますが、短期的に上がったり下がったりする現象はほとんどの場合、こうした再帰的な現象になるわけです。この再帰的な現象の原動力は、ひとつには絞れませんが、人間の欲得というものが大きく作用していることだけは確かだろうと思います。つまり、どうしたら、利益を得られるか、自分の欲望を実現できるかを合理的に判断して行われた結果であるということです。しかし、自分の欲望を最大限実現できるような合理的な判断の結果はしばしば当初の合理性を裏切るということになります。

たとえば、Aを選択すれば儲《もう》かる確率が高いと分かっていれば、合理的には誰でもAを選択します。しかし、たとえば競馬の馬券において、ほとんど全員がAを選択した場合には、配当は限りなくゼロになってしまうわけです。部分的には最適の選択をしたはずなのに、全体としてはあまり良い選択にはなりませんでした。だから勝負師は、Aよりも勝つ確率は低いけれど、人気のないBを選択する。Bの馬券を買った人間は少ないので、もしBが勝てば配当は大きなものになります。もちろん、それは博打《ばくち》ですから当たったり、外れたりするわけです。全部のレースが終わったときに、儲けが最大化する法則は見出すことができません。複雑だというだけではなく、自分が馬券を買うという行為自体が、賭け率に影響をあたえてしまうという再帰的な現象が次々に起きるわけです。こんな複雑かつ不定形な現象に正解を見出すことはなかなか難しい。だから、あらゆるばくち打ちも、エコノミストも、常に的確な方針を出し続けるなんていうことはできないわけです。

ノコギリの歯のように、上がったり下がったりする経済指標というのは、そのときどきにおける合理的判断の試行錯誤の結果だと言えるだろうと思います。くだけた言い方をするなら、当たるも八卦みたいなものです。

ところが、人口動態のような長期的かつ一方的にある趨向性《すうこうせい》をもつ現象は、このような原因と結果の組み合わせによって起きる再帰的な事象ではなさそうです。それはつまり、人間の欲望充足のようなものによって駆動されているわけではないということでもあります。人口が増えたり減ったりということは、欲望充足を実現するための合理的判断の試行錯誤の結果ではないということなのです。人口増減、あるいは出生率の変化は、通常わたしたちが考えるような欲望充足要因ではない、別の理由によって引き起こされているらしいということです。

でも、ほとんどの場合、「人間は欲望充足を選好する」という信仰が強すぎて、欲望充足させる餌をまけば、人間の行動をコントロールできると考えてしまう。政治家はとくにその傾向がつよいですね。というのは、かれら自身が、まさに出世したい、お金持ちになりたい、威張りたいといった欲望充足によって動く人種だからです。それで、子どもを産んだら報奨金を出すとか、子育て支援金を出すとかいった案が出てくるわけです。つまり、人口動態の場合、多くの人々は経済的理由や、将来に対する不安によって女性が子どもを産まないのだと考えているからです。しかし、前出のグラフ（図1）を見れば明らかなように、最も日本人が貧しかった時代（たとえば戦国時代や、終戦後の食うや食わずの時代）に、逆に人口は増えているのです。将来に対する不安が充満していた太平洋戦争前夜の時代も人口は増えているのです。

鎌倉時代から、2009年までの人口増大のプロセスは、ほとんど自然過程のように見えるのです。自然過程とは、人間はだれでも生まれてから成人に至るまで、一方的に右肩上がりに成長するというような、不可逆なプロセスを指しています。

では、なぜ2009年になって日本の総人口は突然減少し始めたのか。それも、自然過程なのか、それとも何か特別な要因があったのか、それが問題です。

出生率が下がったシンプルな理由

女性が子どもを産まないから、人口が減少し始めたというのは、一見もっともらしいのですが、実は女性が、ある一定の年齢で子どもを産む数は変わってはいないのです。つまり、自然の出生力あるいは生理学的出生力といわれる妊孕力《にんようりょく》は、時代によって大きく変化しているわけではないということです。たとえば、25歳の既婚女性がその年齢で子どもを産む確率や、35歳の場合の確率が、時代によって減少し続けているわけではないということです。ただ、35歳の場合には、25歳よりも妊孕力が低く、40歳はさらに低い。およそ8歳ごとに1割ずつ減少すると、国立成育医療研究センター不妊診療科医長の齊藤英和さんは言っています(http://woman.type.jp/wt/log/mag/archives/512)。

そうだとすれば、「女性が子どもを産まなくなった」という言い方ははなはだ不正確な言い方だということがお分かりになるだろうと思います。では何が変わったのか。それは、これからお示しするグラフ(図2)で明らかになります。結論から言ってしまえば、産む期間が、高齢化してきているということであり、結婚年齢が上がったということが、生涯出生数を押し下げているということなのです。つまり、結婚年齢の上昇が、少子化の直接の原因だということです。しかし、なぜ、結婚年齢は時代とともに上昇していったのでしょうか。

グラフが示しているのは、1950年当時、初産時の母の平均年齢が24・4歳、結婚年齢が23歳であったのに対して、2014年には、それぞれ30・6歳、29・4歳になっているということです。つまり、出生率の低下は、実は大変シンプルな理由で、単に結婚年齢が上がったということに過ぎません。しかし、なぜ結婚年齢が上がったのかについての理由はシンプルではありません。

ここで、注目したいのは、このグラフもまた、人口動態グラフとは違う、一方的に右肩に上がる趨向性を示しているということです。別の言い方をするならば、各々の欲望充足のための行動の結果ではないということです。株価の動きや、為替変動などとは全く性格の異なる変動です。人間の歴史というものが、たとえば専制的な支配のなかで、人々が抑圧されて

図２　初婚年齢と出生時の母の平均年齢の推移

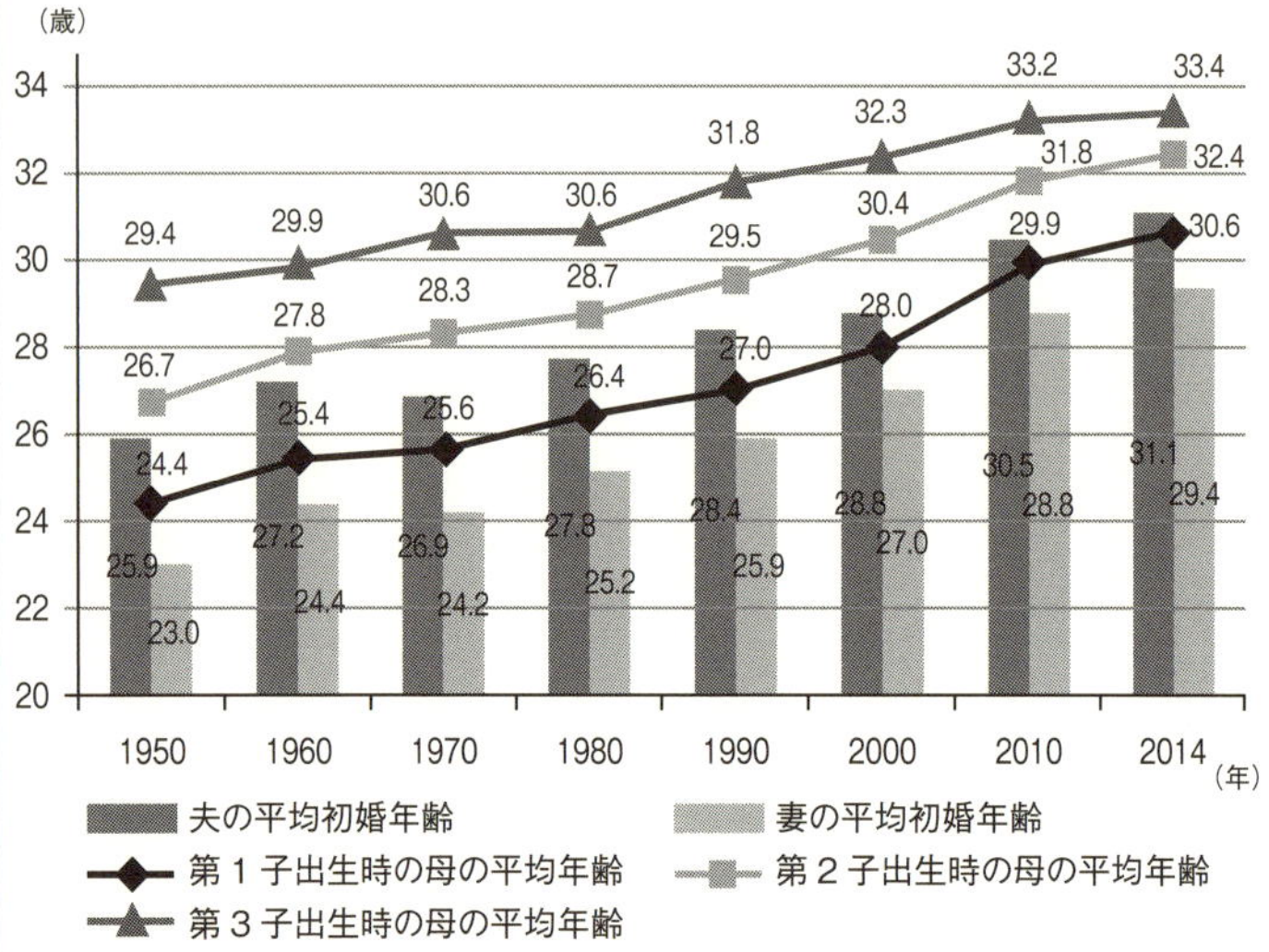

資料:厚生労働省大臣官房統計情報部「人口動態統計」
（注）2010年までは確定数、2014年は概数
＊平成27年版厚生労働白書より
http://www.mhlw.go.jp/wp/hakusyo/kousei/15-1/dl/gaiyou.pdf

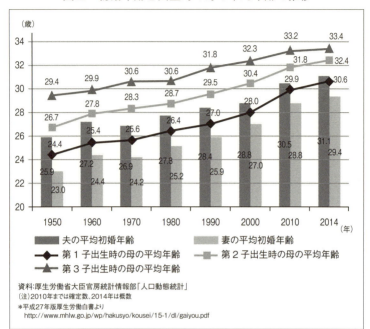

いた時代から、文明の進展や、文化の深まり、人権獲得の長期的な闘争といった息の長い活動を経て、個人として自立し、解放されていくまでの歴史なのだというとらえ方をするならば、まさにその文明史的な背景がこのグラフには表現されているとは言えないでしょうか。つまり、このグラフが示していることは、文明史的な自然過程なんだということです。

戦後日本の家族形態の変化

さて、話を先に進めましょう。

一体なぜ、結婚年齢がこのように有意に上昇したのか。

その理由を知るには、戦後の日本の家族形態の変化を見る必要があります。

これが、今回お示しする最後のグラフ（図3）になります。

このグラフもまた、人口動態グラフと同様に、それぞれのセグメントが一方的に増加するか、減少するかの趨向性を示しています（何度も言いますが、これ、本当に重要なことなのです）。

このグラフが示しているのは単数世帯、夫婦のみの世帯、独り者の息子や娘と同居している親の世帯が一方的に増加しており、子ども夫婦と同居している三世代（以上）世帯が一方的に減少しているということです。つまり、比較的大きなまとまりだった家族共同体が、夫婦を単位とした小さな家族にばらけていく傾向が読み取れます。グラフは1980年から

図3　家族形態別にみた65歳以上の者の構成割合の年次推移

Trends in percent distribution of persons aged 65 years and over by type of family, 1980, 1986, 1989, 1992, 1995, 1998, 2001, 2004, 2007, 2010, 2013

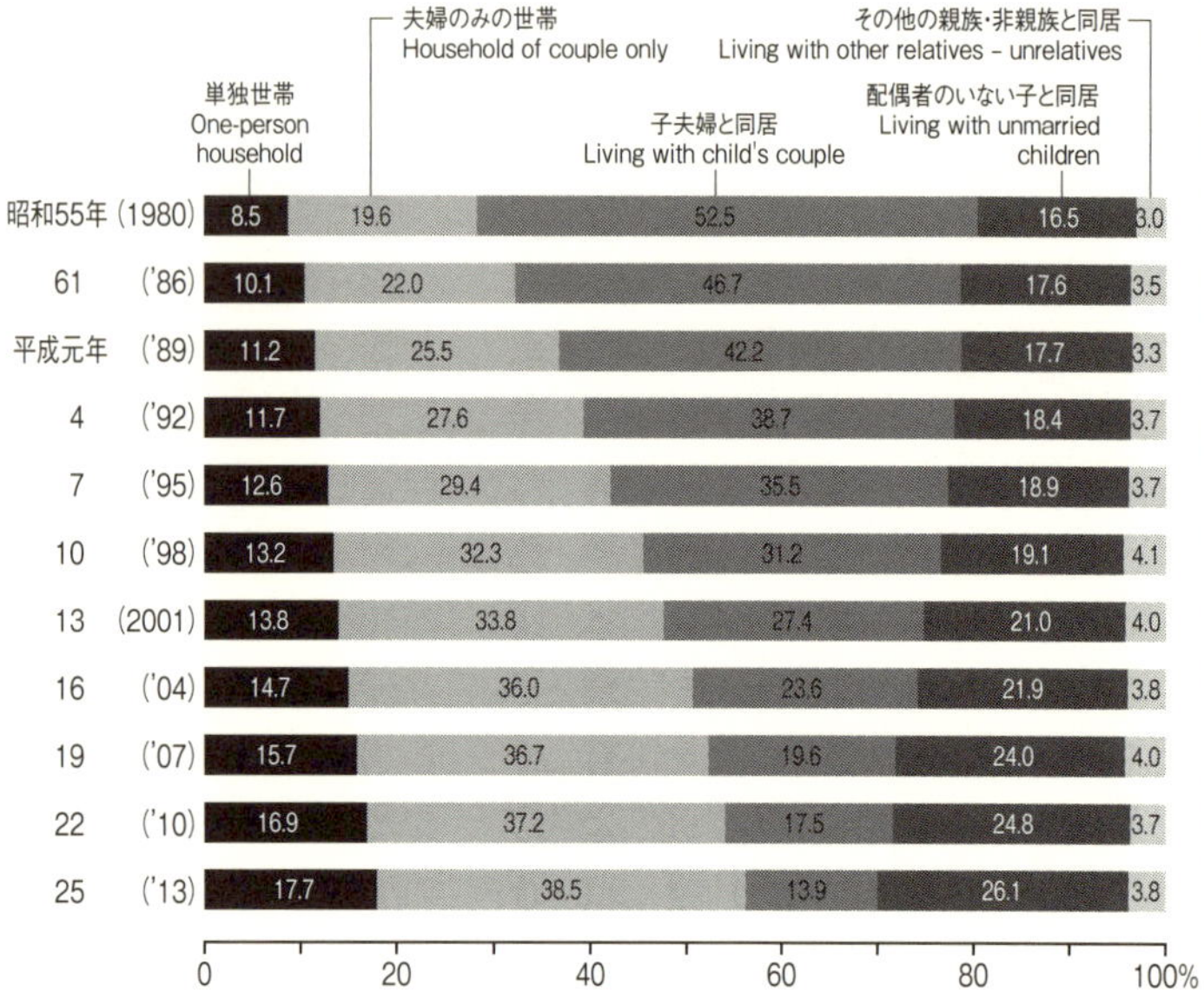

*厚生労働省大臣官房統計情報部「平成26年国民生活基礎調査（平成25年）の結果から　グラフでみる世帯の状況」より
http://www.mhlw.go.jp/toukei/list/dl/20-21-h25.pdf

2013年ですが、この前後まで期間を引き延ばしても傾向は同じです。

つまり、大家族から、核家族へと向かうという長期的かつ一方的な流れが、戦後の日本の家族形態の変化の歴史だということです。このことは、人口動態の背後には、一方的なある傾向を持つ要因が潜んでいるということであり、もし、人口減少に歯止めをかけようとするならば、その大元の要因にメスをいれなければならないということです。そのためには、この核家族化への動きは、何によって引き起こされているのかを知る必要があります。もし、核家族化への要因を経済や政治の力で変えることができるのならば、人口動態を変えることも可能だということになりますが、核家族化への要因は、不可逆的なものであり、人工的に変えることができないものであるとするならば、もはや人口動態に対して、政治や経済がなしうることは極めて限定的であると言わなくてはなりません。その場合には、この流れを所与の条件として、様々なシステムの方を変えていく必要があるということになります。

文明移行期的な混乱

日本の伝統的な家族形態は、権威主義家族と分類されるもので、韓国をはじめとするアジア各地に特徴的なものですが、ヨーロッパにも同型の形態をもつ地域があり、ドイツや、スウェーデンのエリアがそれに当たります。国民国家の枠組みとは少しばかり違うエリアに、共同体家族や、核家族、権威主義家族といった異なった家族形態を営む地域が分散していま す。

面白いのは、独立運動が起きているスコットランドや、カタルーニャが日本と同じ、権威主義家族形態が分布している地域であるということです。

イギリス、アメリカは核家族であり、長男といえども結婚すれば家を出て一家を成します。親との同居という形態はむしろまれであり、兄弟も結婚すれば他人と同じような関係で、ひとつひとつの家族が夫婦を単位として独立しています。日本や、韓国、ドイツといった国々の伝統的な家族形態が崩壊して、核家族化している理由は定かではありませんが、現在の経済的覇権がアメリカやイギリスにあり、それらの国が培ってきた価値観が、普遍的な価値観であるとして世界に影響を与えているのかもしれません。また、第二次世界大戦で、日本やドイツは敗北し、英米的な価値観が支配的になったこととも無関係ではないでしょう。日本の場合には、日本国憲法の発布に伴う、基本的人権の概念に背馳《はいち》するような家制度、封建主義的なシステムは民法によって廃止されることになりました。それでも、日本の家制度は、その後も「会社主義」として長期間日本に残存し、その全体主義的な体質は、英米の産業へのキャッチアップの際に、有効に機能した時期もありました。しかし、消費社会の到来と、グローバル化の進展に伴い、企業もまた家制度が持っていた封建的な体質から、労使契約を基本とした、成果給的なシステムに変わっていきました。

わたしの考えはこうです。

家族形態は世界のそれぞれの地域に、七つないし八つの独自の形態に分かれて分布していますが、それぞれの家族形態の間に、優劣の差はないし、歴史的にどちらが先行して、どちらが後続の形態であるということはない。家族形態というのは、それぞれの地域において、血縁共同体が生き延びていくために環境適応するかたちで形成されてきたと考えられるからです。

家族形態の内部には、その家族形態を維持していくための、タブーや決まりごとが存在しています。日本のような権威主義家族においては、近親相姦の禁止、長子相続、家父長制などがそれに当たり、そういったタブーや決まりごとが、その共同体内部の倫理観や価値観を作り出していったと考えられます。

一方、近代以降に見出された普遍的な価値観としての、個人の尊厳、自由、平等といった思想は、前近代的で差別的な封建システムが抑圧してきた個人を、自立した、それぞれが平等な権利を有し、自由な生き方を保証された存在へと解放していきました。この普遍的な価値観は、近代市民革命以後、普遍的な価値として広く世界に共有されてきたわけです。市民革命が成し遂げたことは、封建主義、絶対主義から、個人を解放し、自立した市民を生み出したことであり、その延長上に、資本主義、民主主義といった経済や政治のシステムが構築されていきました。

したがって、近代以降の文明発展の歴史は、そのまま市民的成熟、民主主義の確立の歴史でもあったわけであり、それはほとんど人類史的な自然過程であったと言えるでしょう。日本においては、ヨーロッパに起きたような急激な革命はありませんでしたが、近代化の過程のなかで、家制度のような封建的なシステムが持っていた価値観と、個人の自由といった外来の普遍的な価値観が相克する長い歴史がありました。

１９７０年代以降、急激に進展する消費社会化のなかで、封建的な価値観は否定され、それまで抑圧されてきた女性の権利が名実ともに拡大していきました。

たとえば、１９５５年の大学進学率は、男が15・０％、女が5・０％と、圧倒的に男優位の状態でしたが、１９９０年になると男が35・２％で女37・４％と、男女の比率が逆転します。現在はほぼ半々といったところでしょうが、このように、男女の教育格差はほとんどなくなってきており、職場における男女格差もどんどん改善されています（まだまだ隠微な形での格差はありますけど）。

こういった個人の人権の拡大が、日本の伝統的な家族形態を変化させ、その結果として女性の結婚年齢が有意に上昇するという現象をもたらしたと考えられます。

結論的に言えば、少子化、人口減少は、日本社会の進歩の帰結なのであり、わたしたちが望んだ幸福追求の結果だということです。

いま、それが問題のように見えるのは、この急激な家族の変化や、老齢化に対して、社会制度の方は人口増大局面、つまりは発展途上段階のままだということであり、社会制度が実態に即したものになるまでの文明移行期的な混乱期だからです。

少子化は止まるのか

最後に、人口減少はどこで、どのような形で止まるのか。人口の定常化が起きるのかということに関して、ひとことだけ述べてこの論考を終わりにいたします。

人口動態の変化の原因は一つではありません。様々な要因が折り重なって起きる現象ですが、家族形態の内的、外的変化が直接的な原因であることは、これまでのデータを分析すれば明らかです。

少子化の鍵は、家族形態だということです。では、最近の一部の論調にあるように、日本の家族形態を戦前のような権威主義大家族へと戻すことがいいのかといえば、それは不可能だという他はありません。良い悪いの前に、権威主義から自由主義への流れは自然過程であり、不可逆的進化だからです。

では、どうすればいいのか。移民政策や、経済支援などいくつかの政策が考えられますが、ひとつの有効な例は、フランス、スウェーデン、オランダなどにみられる、法的な婚姻制度の見直しです。ここでは、詳細に触れませんが、これらの国では婚外子率がすでに50％（日本は2%程度）前後に達しています。このことが意味するのは、婚前交渉のすすめというようなこととは全く違います。法律で縛られた結婚＝家族というものとは違う、あらたな中間共同体を制度的に支援していこうという動きなのです。実際に、法律婚以外の家族の作り方を制度的にバックアップすることで、これらの国では少子化に一定の歯止めがかかっています。

現在の日本は、定常化した社会が、どのようなものであるのかについての共通理解からは程遠い状態です。現在の移行期的混乱から抜け出すためには、多くの人々が、定常化社会というものが何であるのかをイメージすることができるようになるまで、待たなくてはならないのかもしれません。

13歳のハードワーク

小田嶋隆

小田嶋隆（おだじま・たかし）

1956年、東京都生まれ。早稲田大学卒業後、食品メーカーに入社。1年ほどで退社後、小学校事務員見習い、ラジオ局ADなどを経てテクニカルライターとなり、現在はひきこもり系コラムニストとして活躍中。著書に『人はなぜ学歴にこだわるのか。』（光文社知恵の森文庫）、『テレビ標本箱』『テレビ救急箱』（共に中公新書ラクレ）、『小田嶋隆のコラム道』（ミシマ社）、『地雷を踏む勇気』『もっと地雷を踏む勇気』（共に技術評論社）、『ポエムに万歳！』（新潮社）、『「踊り場」日本論』（岡田憲治との共著、晶文社）、『その「正義」があぶない。』『場末の文体論』『超・反知性主義入門』（以上、日経BP社）、『友だちリクエストの返事が来ない午後』（太田出版）などがある。

中高生は特別な脳味噌を持っている

アタマの良い中学生ほどアタマの良い人間はいない。このことをまず、自覚してほしい。無論、すべての中学生がとびきりに優秀なわけではない。それどころか、ひねくれた中学生ほどひねくれているものはいない。自分を見失っている中学生ほどすべてを見失った空しい人間もいない。

大切なのは、中学生が極端な存在だということだ。中学生は、どちら側に振れるにせよ、極端な結果をもたらすポテンシャル（潜在能力）を備えている。そう考えるべきだ。君たちはアタマが良い。

中高生が特別な脳味噌を持っているということに、多くの大人は、その能力を失ってみてはじめて気づく。残念なことだが、これは事実だ。

ティーンエイジャーの脳は、本人がどんなに怠けているつもりでいても、その人間の一生涯の中で、最も活発に働いている。だから、たいていのことは、ちょっとその気になれば丸暗記してしまうことができる。

私自身、中学生の時に買ったレコードの歌詞は、いまでも、ほぼ完璧に記憶している。ちなみに言えば、大人になってから買ったコンテンツについては、本のタイトルすらろくに覚えていない。一度読んだ本を、うっかり再読しはじめて、ようやく半分ぐらいまで読んだと

ころで、

「ん？　なんか読んだことあるぞ」

と気づく始末だ。

このことはつまり、大人になるということが、成長過程の脳が持っている特別な能力を喪失する過程であることを物語っている。悲しいことだが、これもまた本当のことだ。

中学生の優秀さは記憶の分野にとどまらない。複雑な問題を考える思考力も、他人とは違う発想を生み出す独創性も、自分のアタマの中に独自の世界を展開してのける想像力も、どれもこれも一生涯の中で一番輝かしい光を放っている。その意味からすれば、すっかり大人になって頭の働きが鈍くなった私のような者が、十代の君たちに教えるべきことは、本来ならひとつもないはずだ。

ただ、アタマが悪くなった大人には、アタマを使うことと引き換えに手に入れた経験の蓄積がある。

経験は、フリーズドライされた思考の力だ。これを使えば、たいして考えなくても、懸命に考えたのとそんなに変わらない結論にたどり着くことができる。

なので、われら大人は、世の中で起こる半分ぐらいの出来事については、考えるまでもなく、あらかじめその正体を知っている。残りの半分についても、以前の経験からおしはかってどうにか対処できる。

要するに、大人は、一度クリアしたゲームをリプレイするみたいな調子で、様々な困難に対処できるのだ。

「職業」あるいは「夢」についてのあれこれ

とはいえ、まったく新しい局面にぶつかったり、見たことのないモンスターに遭遇すると、大人は、見事なばかりに無力だ。経験が邪魔をして、かえって失敗する。

これからの世界で起こることの中には、たぶん、経験だけでは対応しきれない、予想外の出来事がかなりの割合で含まれている。それらについては、君たちが自分自身のアタマで考えて対処するほかにどうしようもない。私にはうまいアドバイスができない。

なので、ここでは、人類がずっと繰り返してきて、これからもたぶんそんなに変わらないと思われる分野についてのお話をする。

具体的には「職業」、あるいは「夢」についてのあれこれだ。

君たちは、

「夢を持ちなさい」

「夢のない人生には価値がない」

「夢を持たない人間は、誰にも愛されない」

「夢があってこそ人は輝く」

てなことを信じているかもしれない。

というのも、昨今、ものわかりのよさげな大人は、誰もが異口同音に、

「自分だけの夢に向かって努力しなさい」

といった調子のお話を子供に吹き込む決まりになっているからだ。

この「夢」を中心に据えた教訓話は、ある時期から急に言われはじめたことで、私が子供だった頃は、さして人気のあるプロットではなかった。というよりも、私が子供だった50年前には、夢を持っている子供はむしろ少数派だった。事実、私は、自分が夢を持っていた記憶を思い出すことができない。


にもかかわらず、夢なんかなくても、子供時代は楽しかった。当然だ。子供は「いま、ここ」にあるがままにある存在で、その時々の一瞬一瞬を、その場その場の感情のままに生きている。その、あるがままの子供たちは、「将来の展望」や「未来への希望」を特段に必要としていない。彼らの生活は、「大人になるための準備」として運営されているのでもなければ、「夢への助走」として立案されたものでもない。子供であることの楽しさは、元来、そこのところ（未来や過去と切り離されているところ）にある。

「夢」を持つことは、一見、前向きで素晴らしい取り組みであるように見える。しかしながら、注意深く検討してみると、「夢」は「未来のために現在を犠牲にする」要求を含んでい

る。

ということは、「夢を持ちなさい」という一見素敵に響くアドバイスは、その実、「今を楽しむ」という子供自身にとって最も大切な生き方を真っ向から否定する命令（具体的には「将来のために今の楽しみを我慢しなさい」ということ）でもあるわけで、とすれば、悪質な「夢」に囚われた少年少女は、不確かな未来のために、かけがえのない思春期を台無しにしているのかもしれない。

自分の将来に「夢」を設定した人間は、その夢から逆算して、現在の生活を設計しなければならなくなる。

と、その子供の「現在」は、将来のための準備期間、すなわち「努力と忍耐の時間」に性格を変える。たとえば、プロサッカーの選手になることを心に決めた14歳は、部活の練習だけでは足りないと考える。と、彼は、放課後の2時間を自主練習に当てる決意を固めなければならない。あるいは、東京大学に合格する目標を立てた12歳は、一日に8時間の勉強時間を自分に課すかもしれない。

もし、君の抱いている夢が、自分自身の内側から自然に湧き上がってきた夢であるのなら、現在の娯楽や休息を多少犠牲にしてでも、将来のために努力を傾ける価値がある。でも、もし仮に君の抱いている「夢」が、「夢を持たねばならない」という義務感から無理矢理に設定したお仕着せの人生設計であるのだとしたら、ほかならぬ自分自身をがんじがらめにするそんな不自由な夢からは、早めに目を覚ました方がよい。

若い頃に自分で「夢」だと思っていたものが、大人になった時点から振り返ってみると、ただの「虚栄心」だったという例は珍しくない。自分で夢だと思っているそのことが、実は、現実を直視せずに済ますための事前弁解だったというケースもある。そうでなくても、親しく行き来しているメンバーが、同じデザインの靴下を欲しがるみたいにして揃えたがる「夢」は、死刑囚の目からギロチン台を隠しておくための絵屛風とそんなに変わらない機能を果たしている。つまり、「夢」は、なによりもまず、自分をだましたい人間が自分をだますために見る物語だということだ。

なんとも夢のない話

もうひとつ指摘しておきたいのは、「夢」という単語が、ほぼ必ず「職業」に結びつく概念として語られるようになったのは、この30年ほどに定着した、比較的新しい傾向だということだ。

昭和の中頃まで、子供たちが「夢」という言葉を使う時、その「夢」は、もっと他愛のない、バカバカしいものだった。

というよりも、「実現可能」だったりするものは、はなから「夢」とは呼ばれなかった。

であるから、「看護師になりたい」とか「編集者になりたい」といった感じの、実現に向けてコツコツと努力しなければならないタイプの堅実な「夢」は、子供らしい生き生きとした「夢」とは見なされなかった。

それが、いつの頃からなのか、「夢」は、より現実的な「目標」じみたものに変質した。そして、現実的になるとともに、それは年頃の男女が、一人にひとつずつ必ず持っていなければならない必携のアイテムとして、万人に強要されるようになっている。

なんだかつらい話だ。

本来なら、退屈な現実から逃避するためのヒーロー幻想であったり、叱られた小中学生がうたかたの慰安を求めて思い浮かべる絵空事であった「夢」という多分に無責任な妄想が、就職活動の面接における必須ワードになっていたり、中高生が考える職業選びの土台になっていたりする現状は、今年の秋に60歳になる私の目から見ると、あきらかにどうかしている。21世紀にはいって十数年が経過した現在、「夢」は、子供たちが「将来就きたい職業」そのものを意味する極めて卑近な用語に着地している。なんという、夢のない話であることだろうか。

結局、この30年ほどの間に、われわれは、より年の若い子供たちに、

「実現可能な夢を早い段階で確定しておきましょう」

という感じのプレッシャーを与える教育をほどこしてきたわけだ。ということはつまり、

少なくとも平成にはいって以来の社会の変化は、「夢」という言葉から夢が失われていく過程そのものだったということになる。

『13歳のハローワーク』に「会社員」は存在しない

こうした状況の中で、子供の「夢」を、「職業」に結びつける上で、ひときわ大きな役割を果たしたのが、『13歳のハローワーク』という本だった。

これは、２００３年の12月に幻冬舎から発売された書籍で、５１４種類の職業を網羅的に紹介したものだ。小説家の村上龍が中心となって編集されたこの大型本は、発売されるや、大きな反響を呼び、さらに息の長いロングセラーとして現在に至るまで順調な売上を記録している。２０１０年には、89の職業を追加した改訂版『新13歳のハローワーク』も刊行されている。

この本の問題点は、まず「職業」を、「職種」で説明しきろうとしたその編集方針にある。『13歳のハローワーク』を作ったスタッフは、「職業」を勤労者が担当している「作業内容」ないしは「仕事内容」に沿って分類したわけだ。が、実際に、われわれが社会の中で割り当てられている労働は、簡単に名前を付けられるものばかりではない。

というよりも、現代の日本で現実に働いている労働者の多数派は、ごく大雑把に「営業職」「総務部員」「係長補佐」「編集スタッフ」「企画担当」などと、所属する企業内の役職や階梯《かいてい》に沿った肩書を与えられてはいるものの、その実、呼び名や肩書とはあんまり関係の無い雑多な職務を担っている。

こういう人たちに、職業を問えば、まず十中八九は、

「会社員です」

という答えが返ってくるはずだ。

2012年5月15日発表の「労働力調査」(総務省統計局)によれば、2012年1月～3月の平均で正規の社員は3334万人、非正規等も含めると5140万人になる。一方、15歳以上人口は1億1085万人でそのうち有業者は6209万人だから、有業者の53・69%が正社員、非正規も入れると82・78%が被雇用者すなわち「会社員」ということになる。

要するに、現状、多数派の有業者は、

「まあ、強いていえば会社員かな」

ぐらいな分類の中に含まれているということだ。

その「会社員」に仕事内容を問うたところで、単一の解答は存在しない。

「会社で必要とされる業務をこなすという以上のことは説明できないよ」

「だって、業務自体コロコロ変わるわけだし、ある意味、その日の自分の業務を見つけること自体が仕事なわけだから」

て な調子で、通年でも、その労働者の職歴の上でも、担当する業務の範囲と種類は、常に刻々と変化している。

ところが、『13歳のハローワーク』には、「会社員」という分類項目が無い。

というよりも、あくまでも業務内容を基準に働き手を分類する『13歳のハローワーク』の編集方針からすると、自分の「所属先」を言明したに過ぎない「会社員」という働き方は、そもそも存在しない建前になるということなのだろう。

日本社会への呪いの書物

で、本書は、圧倒的多数の「会社員」を無視する一方で、「手に職を持っている人間」「独立独歩で働く人間」「フリーランスで活躍する労働者」「職業名がそのままその人間の自己紹介になるような職種」については仔細《しさい》な解説を提供している。

たとえば、映画周辺の職業を見ると、脚本家、プロデューサー、監督、制作担当、制作助手、俳優、スタントマン、俳優担当、キャスティングディレクター、撮影技師、録音技師、照明、美術監督、エディター、スクリプター……と、独立して項目を立てて解説されているものだけで、39もの職業を掲載している。まるで映画のエンドロールだ。

ほかにも、大道芸人や傭兵《ようへい》のようなレアな職業や、木地師《きじし》、下地師《したじし》、蒔絵師《まきえし》といった、伝統工芸を支える職人の仕事にまで丁寧に紙面が割かれている。

本書がこれほどまでに多様な職業を百科全書的に網羅した理由は、編者である村上龍氏が「まえがき」の中で語った言葉の中で説明されている。村上氏はこう呼びかけている。

「自分に『向いている仕事』があるはずだと、心のどこかで、強く思うようにしてください」

なるほど。村上氏および彼のスタッフは、13歳の少年少女が、自分に「向いている」職業を探すに当たっての手引として役に立つように、とにかくあらゆる職業を網羅することを心がけたのだと思う。

その意図はよくわかる。

その意味では親切に編集されている書物だとも思う。

ただ、私は、個人的に、本書が「会社員」という巨大な集合をあえて無視したことを、単なる編集方針の問題だとは考えていない。もっと底深い「思想」のようなものを仮定しないと、この謎は解けないと思っている。

村上龍氏は、1997年に発表した『イン・ザ・ミソスープ』という小説の中で、主人公の青年の口を借りて、日本人を、「味噌汁の中に浮かんだり沈んだりしている具みたいな存在」として描写している。

味噌の匂いのする塩辛い汁の中にいてはじめて存在価値を発揮する依存的な人間としての

われら日本人の情けなさを、これ以上ない辛辣さで攻撃したこのセリフは、作者がデビュー作の『限りなく透明に近いブルー』以来、一貫して主張してきた根本思想と言ってよい。

個人的な話をすれば、私は、村上龍氏が毎度毎度自分の作品の中で繰り返している日本観ならびに日本人観には、大いに共感しているし、その「ちまちましたニッポン」に反発する魅力的な主人公を創造する氏の手腕にはいつも感銘を受けている。

彼が「組織にぶらさがる会社員の生き方」を軽蔑し、「自分の仕事よりも、会社の名前を重視する組織中心主義の考え方」に嫌悪感を抱くところまでは大変によくわかる。いくつかのポイントについては、ほとんど同じ感慨を抱いていると言ってよい。

でも、だからといって、子供向けの本の中で、日本の企業社会に呪いを投げかけるのは、あんまり無茶な話じゃないか、と、そう思ったからこそ、私はこの原稿を書いている。

どういうことなのかというと、私の目には、『13歳のハローワーク』というこの本が、村上龍氏の個人的な日本観を反映した、日本社会への呪いの書物であるように見えるということだ。

別の言い方をするなら、一見実用書の体裁で編集されているかに見える『13歳のハローワーク』は、その実、はじめから最後まで、思想書として書かれているということだ。

だからこそ、彼らは、現状の日本社会で普通に就職を考える人間が、まず最初の（というか、事実上ほとんど唯一の）選択肢として思い浮かべる「会社員」という分類項目をオミットしにかかったのである。

バイブルにも、逸脱へのパスポートにも

村上龍氏の考えでは、「会社に魂を売って」「組織の言いなりになって」「ネクタイを首輪代わりにした犬みたいな社員として」働きたがる「社畜ワナビー」の就活生になる前の、もっと若くて純粋な13歳の子供たちに、「自分の裁量で判断し」「自分の名前と責任において自活し」「己のリスクによって行動し」「己の才覚で勝負し」「自分の能力と意欲を武器に社会と対峙している」「フリーランスの」「一所懸命の」「独立自尊の」職業観を、ぜひ植え付けたいというふうに考えたのだと思う。

彼はサラリーマン根性と役人根性が大嫌いで、役職と肩書でものを言う組織人間の考え方に我慢がならないのだと思う。

その気持ちはとてもよくわかる。

私自身、30歳近くまでプータローをやっていた人間だ。だから、とてもよくわかる。うちの国の社会は、職を持たない若者や半端フリーランスの人間に対しておそろしく冷たい。おかげで、私の中にも、村上氏とよく似た怨念が常に燃え上がっている。

でも、怨念は怨念として、何も知らない13歳の少年少女に、個人的な怨念を植え付けにか

かるのはよろしくないと思う。

なにより、本気にしてしまうであろう子供たちがかわいそうだ。

あるいは、『13歳のハローワーク』を鵜呑みにして、サラリーマン蔑視と一匹狼への強烈な憧れを抱くことになった何十万人かの子供たちの中から、村上龍に匹敵する才能を発揮するクリエーターが、三人か四人ぐらいは現れるかもしれない。であるのなら、その彼らにとって、『13歳のハローワーク』は、バイブルだったということになるのだろう。

が、若気の至りで新卒一括採用の就活を蹴飛ばした結果、不利な条件の非正規労働に甘んじることになっていたり、いつ終わるとも知れない親がかりの失業生活の中に沈みこむ羽目に陥ったより数の多い若者たちにとって、本書は、結果的には、逸脱へのパスポートだったということになる。

サラリーマン蔑視以上に有害なのが、この本の中で度々登場する、「職業こそが人間に生きがいと存在証明と自由を与える最重要な要素だ」という思想だ。

村上氏はそう考えているのだろう。そのこと自体はかまわない。誰であれ、アタマの中で考えることは自由だ。

とはいえ、ぶっちゃけた話をすれば、村上龍氏が「職業こそが人間の第二の顔なのだ」と考えているのは、彼自身が思い描いた通りの職業で、望んだ通りの成功をおさめた人間だからなのだと思う。

彼は「特例」なのだ。ということは、あの分厚い大型本を要約すると、

「おまえも村上龍になりたいだろ?」

というお話になる。

いや、誰もが村上龍になれるのであれば、それはちょっと魅力的な取引かもしれない。でも、社会の職域分布はそういうふうにはできあがっていない。

六人のメンバーで演奏するロックバンドに一万人の観客が押し寄せるからこそ、ロックンローラーは食べていけるわけだし、一人の小説家に対して数万人の読者が想定できるからこそ、小説家というビジネスモデルが成立している。

これが逆だったらお話にならない。

一万人のロケンローラーが六人の観客しか集められなかったら、ロケンローラーは誰一人として食べていけない。あたりまえの話だ。

「金儲けの手段」で何が悪い

私自身が子供だった頃、私の親の世代の人間は、職業について、あまり難しいことを言わなかった。

「食っていくためには働かないといけない」

というシンプルな断言が、彼らの職業観を物語るほとんどすべてだった。

夢がないといえば実に夢のない話だが、当時、仕事と夢は、同じどころか、むしろ正反対の言葉だったのだから仕方がない。

ただ、職業への思いが、どこまでも世知辛《せちがら》い現実主義一辺倒の、カネカネカネの、「つらくてめんどうくさくて不愉快だからこそお給金が貰えるんだ」式のお話だったからこそ、夢の方は、思い切り甘ったれたオレサイコー物語であり続けることができたという側面もある。

それゆえ、当時の考え方からすると、夢がかなわないことは、別段がっかりするような大失策でもなかった。

望みの職業に就けないことだって、たいした問題ではなかった。

何でもいいから職について、とにかく食えるだけのカネが稼げれば上等じゃないか、という、その一見夢のない見込みの持ち方が、逆に昭和の人間の楽観性を支えていた。

いまの若い人たちを見ていてあわれに思うのは、就業ということについてあまりにも悲壮な考えを抱いているように見える点だ。

彼らは、自分の望む職業に就けなかったら、自分の人生は失敗だというふうに考えていたりする。その一方で、サラリーマンをバカにしていて、企業の従業員になることを、魂を売り飛ばすことだと、いとも簡単に短絡していたりする。

「違うぞ」

と、私は、『13歳のハローワーク』の呪いを解くために、声を大にして言いたい。

昭和の人間がすべて正しかったというつもりはないが、少なくとも職業観について述べるなら、彼らの方がずっと堅実だった。

堅実だったということの意味はつまり、昔の人間は、職業をそんなに大げさに考えていなかったということだ。具体的に言えば、金儲けの手段。生活の糧。とりあえずの食い扶持《くぶち》。それで何が悪い？ といったあたりが、昭和の職業観の偽らざる実態だったわけだ。

「生きがい」や「自己実現」や「アイデンティティー」や「自己表現」みたいなものがないと生きていけないという考え方は、私に言わせれば、そもそも異様な思想なわけだが、そこはそれだ。社会が複雑になっている以上、人生観も複雑になるものなのかもしれない。だから、現代の若い人たちが自分探しのネタを求めることそのものを一概に否定しようとは思わない。

でも、「生きがい」やら「自己実現」やら「アイデンティティー」やら「自己表現」を、「職業」の中に求めるのは、筋違いだということは、はっきり申し上げておく。

たしかに『13歳のハローワーク』を読むと、職業こそが社会とつながる唯一の接点であり、働くことが最も真率な自己表現であるという旨のお話が繰り返し強調されている。

が、実際のところ、この見方には、さしたる根拠があるわけではない。

言ってみれば、世の中には、自己表現がそのまま仕事になるタイプの稀有な職業もありますよね、というだけの話だ。

で、その「自己表現がすなわち職業である世界で名声を勝ち得た自己表現のチャンピオン」である村上龍が書いた本が、

「どうだ？　オレってかっこいいだろ？」

という内容の書物に着地することは、これはもういかんともしがたい成り行きではある。が、13歳の読者がそんな自慢話に影響を受けなければならない筋合いはない。

13歳で人生の目標なんか定まらない

現実の社会を見れば、多くの人々が、職業とは別のところに生きがいを見出している。仕事なんかなんであれ食って行ければ十分で、とにかく好きな女の子と一緒に暮らせればそれだけで万々歳じゃないかと思っている人間はたくさんいるし、そういう人間がなさけない人間だというわけでもない。

いや、早い段階から目標が定まっている子は、それはそれでかまわない。

いつの時代でも、そういう子供はいたものだし、そういう子供はほかの生き方を選べないことになっている。その種の、ほとんど運命を信じるみたいにしてひとつの明らかな道を目指すタイプの少年は、ハタから見れば苦しい人生を歩む可能性が高い。でも、本人にとって

は、自分の目指した道で経験する苦難は、その道を諦めることで得られる平安よりずっと居心地が良いのであろう。だから彼は、選んだ生き方をするほかにどうしようもない。この子たちは特別だ。

彼は見事に夢をかなえるかもしれないし、一生涯を夢の手前の坂道で暮らすことになるのかもしれない。が、どんな結末を迎えるにせよ、本人の選んだ道だ。他人がどうこう言うべきことではない。

ただ、彼のような生き方だけが本当の生き方で、目標の定まっていない少年や、気持ちの変わりやすい少女や、周囲に流されがちな子供や、親の言いなりになっている青年たちの生き方が愚劣で間違っていて不毛で不幸せだということではない。

職業に向かう姿勢は人それぞれだ。同じ人間の中でも時期によって変わる。仕事一辺倒の人間として30代を働き通しに働いた男が、ある日、突然やる気を失うこともあれば、いやいや勤めていた勤務先の仕事に、入社10年を過ぎてからようやく気持ちが乗ってくるタイプの会社員もいる。

そういう意味で、13歳の段階の少年少女が、自分の将来を職業という分類だけでイメージすることは、危険だ。

自分が何かに向いていると思い込んでいるその何かが、本当に自分に向いているのかどうかは、実際には誰にもわからない。

むしろ、職業の入り口に立つ以前の段階で、自分の向き不向きを決めつけてしまうこと自体が無謀だと考える方がマトモだろう。

職業は社会の必要を満たすためにある

13歳の段階の少年少女が、自分の得意不得意や、好奇心や、好き嫌いや、あるいは友達のマネやアニメの影響で、どんな職業に憧れるにせよ、その憧れは、どうせたいして現実的なお話ではない。

3年後には、たぶん笑い話になっている。

そういう、3年たってから振り返って笑えるみたいな憧れを持つのは大変に結構なことだ。というのも、憧れは、それに到達することによってではなくて、届かないことや、じきに笑い話になることによって、それを抱いていた人間を成長させるものだからだ。

ただ、

「この広い世界には、きっと自分に向いた仕事があるはずだ」

という思い込みを抱くことは、夢を持つこととは違う。それは人生の選択を狭めかねない。

その意味で、あまりおすすめできない。

そもそも職業は、その職に就きたい誰かのために考案されたものでもなければ、その職に向いた資質を備えた若者にふさわしい職場を与えるべく用意されたものでもない。

職業は、ごくシンプルに、人間社会の役割分担の結果として、社会の必要を満たすためにそこにあるものだ。

ゴミを拾うのが大好きな人間がいるからゴミが生まれているのではない。ゴミ愛好家のために廃品回収業という職業が考案されたわけでもない。

人間が生活すればゴミが生まれる。そして、ゴミを処理する人間がいないと社会が成り立たないから、ゴミ処理が職業として要請される。そういう順序だ。

職業については実際的な話をするなら、

「万人に向かない職業もあれば、ほとんどの人がなりたいと考える職業もある」

というのが本当のところだろう。

事実、生まれつき屎尿《しにょう》処理に向いた人間がいるとは考えにくいし、本人の意向として屎尿の処理に万全の興味と意欲を持っている若者というのも想像しにくい。

ただ、深刻な需要には高額の賃金が支給されるかもしれないという意味で、屎尿処理は有望な仕事になり得る。

ついでに職業に就く人間に関して遠慮のないところを申し上げれば、

「たいていの仕事に向いている人間もいれば、ほとんどの仕事に向かない人間もいる」

というのが本当だ。

全世界の人間に、ひとつずつ、その人にだけ向いた仕事が用意されているわけではない。そんなのはまやかしだ。

学校の勉強の様子を見てみれば、中学生でも十分に理解できることだ。全科目で優秀な成績を残すスーパーマンみたいな生徒もいれば、あらゆる科目のすべての単元に関して漏れ無く出来の悪い生徒もいる。これが現実だ。

だから、あらゆる子供に得意科目があって、すべての人間に優れた能力が授けられていると考えるのは端的に言って間違いだ。

いずれ向こうからやってくる

私は、

「あきらめろ」

と言っているのではない。

反対だ。私は、人間は色々だということを言っている。だからこそ職業の肩書で人間を評価する考え方を全員が受け容れる必要は無いぞということを申し上げようとしている。

職業信仰は、ある意味で、偏差値信仰や学歴信仰よりタチが悪い。

というのも、学歴や偏差値が、しょせんは数値化された一面的な能力の指標であるのに比べて、「職業」が物語る「能力」は、ずっと多岐にわたるからだ。

だから、職業を背景とした肩書信仰は、特定の職業に就いている者（あるいは職業に就いていない人間）への差別を生じさせる。

それ以上に、職業信仰は、「どこかに青い鳥（自分に向いた楽しくてやりがいのある仕事）がいる」という、空虚な不遇感の温床になる。その意味で実に厄介だ。

実際には、作業そのものに好奇心を抱かせる要素が無くても、いきいきと働いている人はたくさんいる。

たとえば、ネジのアタマが均等に揃っているのかを検査するみたいなおよそ退屈にしか見えない仕事にでも、取り組んでいる人間は、それなりにいる。

よく似たなりゆきを、部活の練習で経験した生徒もいるはずだ。

作業や練習メニュー自体が退屈でも、毎日の繰り返しの中で成果があがれば、それなりに楽しくなってくることはある。

また、キツいサーキットトレーニングでも、気に入った仲間と一緒にこなしていれば、多少は楽しく取り組むことができる。

つまり「職業」そのものとは別に「職場」の善し悪しや向き不向きが、仕事の評価を変えることもあるということだ。

自分の気に入った職場で、気のおけない仲間と一緒に働くのであれば、与えられた役割をこなすというそれだけのことが、責任感と達成感をもたらすことになる。それ以上に、他人の目には瑣末《さまつ》な検品作業に見えるであろう仕事であっても、長年それに取り組んでいる人間からすれば、いわく言いがたい微妙な難しさがあるわけで、一定の経験を積めば、その難しさ（他人から見れば単に「キツさ」にしか見えない何か）にチャレンジすることに誇りを感じるようになる。

つまり、多くのベテランが言うように、仕事の素晴らしさやくだらなさは、ある程度の期間それに携わってみないとわからないということだ。

であれば、職業の名前で他人の能力を判断したり、自分に与えられている肩書きで自分の幸福度やプライドを計測することは、テストの点数で他人を値踏みすること以上に空しいということがわかるはずだ。

13歳の君たちは、とてもアタマが良い。

それだけに、アタマだけで何かを判断することには慎重にならなければいけない。

仕事は、いずれ向こうからやってくる。

それまでの間は、なるべくバカな夢を見ておくことをおすすめする。

空気ではなく言葉を読み、書き残すことについて

岡田憲治

岡田憲治（おかだ・けんじ）
1962年、東京旧北多摩郡生まれ。早稲田大学大学院政治学研究科博士課程修了。専修大学法学部教授。専攻は現代デモクラシー理論。著書に『権利としてのデモクラシー』（勁草書房）、『はじめてのデモクラシー講義』（柏書房）、『言葉が足りないとサルになる』『静かに「政治」の話を続けよう』（共に亜紀書房）、『働く大人の教養課程』（実務教育出版）、『ええ、政治ですが、それが何か？』（明石書店）、『「踊り場」日本論』（小田嶋隆との共著、晶文社）などがある。

イジメはあるけど、イジメはない

この世で起こっていることを、本当に起こっていることだとすることは、口で言うほど簡単なことではない。この世で起こっていることがすべて、「起こっている」とされているわけではないからだ。大半のことは、起こっていてもそれが伝わっていなかったり、伝えることができるはずなのに、「起こっていないこと」になったりしている。

もう少し丁寧に言ってみよう。この世の多くのことには、たしかに起こっているはずなのに、あるいはボンヤリと「起こってるよなぁ」くらいに感じているのに、なんだか「起こっていないことにしてしまおう」とする「気の流れ」のようなものがある。だから「起こっていること」の件は、人間の外側での話であると同時に、人間の心の内側の話でもある。

教室ではイジメが起きている。クラスのSがイジメられている。もっぱら中心となってSをイジメているのは四人くらいだ。

フザケ合ってジャレ合っていると言ってしまえば、そうも見えるが、ただフザケ合っているだけなら、あれだけの数のまわりの人間がところどころでそれに協力するはずがない。そもそもフザケ「合っている」というのは正確ではない。一方的に、Sはまわりにフザケたことをされているのだから。

それを見るオレ（アタシ）はどうしているのか？　最初は、「バカじゃねぇの？　あいつら」と思っていた。クダラねぇよ。ああいうの。そう思ったし、今もそんな気がする。しかし、いつも何かとネタにされ、ひどいことをされているときのSの立ち振る舞いを見るにつけ、ちょっとSに「ムカついて」いる自分に気づく。イジメられている当人なのに。いったいSの何にムカついているのかはよくわからない。

ふつうは、攻撃されたり、非難されたり、冷たくされたりすると、弱々しくおし黙ったり、泣いたり、怒ったりするものだが、Sはやられればやられるほど「ニヤッ」と笑い、「やめろよ」と言いながら、こちら側が何やらイライラしてくるようなサムシングを態度や言葉で返すのだ。それが何なのかはわからない。サムシングだ。

繰り返されるイタズラ、示し合わせたような冷たい仕打ち、そして仲間はずれがエスカレートすると、あの四人組に「そういうのクダラねぇから、止めた方がよくね？」と、ボソッと言ったMが、その後四人プラス幾人かの奴らに無視され始め、文化祭の連絡用のLINEからはずされたりした。

帰り道、ひとりぽつねんと駅に向かって歩いているSが「お前も来週模試受けんの？」と尋ねて来たときも、自分としても特にはっきりとした理由もなく、生返事をしてソクサとそこを立ち去った。脇目で確認したSの表情が淋しげだった。居心地が悪い気がした。

今やクラスには、SとSをかばったMと「同じサイドにいると思われたくない」という空気が満ちている。でも四人組が何か強い言葉でみんなに呼びかけたわけではない。奇妙なことに、Sをみんながイジメていることを明らかに示すような証拠があるわけでもない。LINEに残っているバカなやりとりも悪口も、バカとバカがバカやっているクダラナイ記録と言えば、そんなものにも見える。自分も、大半の場面では傍観しているだけだが、だからと言って「お前もSみてぇにされてぇのかよ」とすごまれたことがあるわけでもない。

しかし、はっきりとは自分でもわからないが、以前よりもSやMに対して冷たく、そっけなく距離も疎遠になった。そして、ボンヤリと何かを恐れて、避けたいと思っている。

お袋が読んでいた新聞をチラッと見たら、「いじめで自殺　京都の中3男子」という記事があった。「あんたのクラスでイジメとかないの?」と聞かれた。「別にねぇし」と口が動いた。んなもんねぇよ。あるけど。でもありゃイジメじゃなくて、フザケてる、いや、Sが嫌われてるだけだし。ねぇよ。イジメ。あるけどねぇよ。

話はここで止まる。

放射性物質の影響はあるけれど、影響はない

あるけど、ない。ないけど、あるということになっている例は、学校以外にもある。

2011年3月に、とてつもなく大きな地震が東北を中心に起こり、80数年ぶりに巨大な津波がやって来て（「数百年に一度の」と恥知らずな嘘を言う大人が多いが、巨大津波は昭和の初め

に三陸にちゃんと来ている）、福島第一原子力発電所の電源が失われた。その結果、原子炉が爆発して、東日本に多量の放射性物質が飛び散り、今も飛び続けている。

放射性物質は、人間の遺伝子を壊してしまうから、福島東側の子供たちの健康が心配されたが、事故後3年ぐらいで甲状腺ガンにかかった子供たちが増えつつあると言われ始め、現在も増え続けている。

事故後からずっと出続けている低線量の放射性物質が人間の体に与える影響については、科学的な結論は出ていないが、結論が出ないということは影響がないということではない。あくまでも「わからない」というだけの話だ。世界で原爆が初めて爆発してから70数年だが、残った放射性物質がどれだけのガンやその他の病気の原因なのかについては「データがない」という意味だ。

でも、日々を生きる人の感覚からすれば、通常は100万とか200万人に一人くらいしか発生しない子供の甲状腺ガンが、50倍もの確率で出てきているのだから、正確な分析はできないにしても、「そんなもん原発事故とは何の関係もない」と断言するわけにもいかない。飛び抜けた比率で福島の子供たちに病気が発生しているなら、「なんらかの関係があるはずだ」と考えるのが、人間のまっとうな生活態度というものだ。

ところが、こういうことが「起こっている」にもかかわらず、一部の新聞やテレビや雑誌以外の、相当数のメディアがこの事実を報道せず、そういうメディアだけを読み、見ている人たちは、福島の子供たちに前例がないほど甲状腺ガンが増えているという事実は、「起こっていない」と思っている。もちろん罪も悪意もなく、「あれからもう何年もたっているから、事故の影響もなくなってきているんだな」くらいに思っている。大きな新聞社の作る新聞に載っていないのだから、そんな事実はないだろうと思う心の習慣があるからだ。50歳以上の人にはとりわけこの習慣が根強い。

たしかな科学評価はできないにしても、記者が書くのは科学論文ではないのだから、「一部そうした因果関係を指摘する学説もあるが、科学的には断言できない状況であり、政府が今後国民の生活目線で何をするべきかが問われている」くらいのことは最低でも言えるはずだ。でも言わない。そして、多くのメディアが、何かボンヤリとしたものにおびえているようだ。

「私たちは○○を恐れ、△△となることを避けたいので、××については触れません」と言ってくれれば「そんないくじなしの新聞はもう読まない」と判断できるのだが、それも言わない。結果的に、福島では、何かが起こっているのに、起こっていないことになっている。

話はここで止まる。

意見が分かれたら分かれたところを言葉で確認せねばならない

僕たちの国の総理大臣が、とにかく、何がなんでも、どんなに理に訴えて反対する人がいようと、がむしゃらに日本国憲法を作り変えようと前のめりになっている。憲法は、学校の校則を偉くしたみたいなものだと、いい歳をした多数の大人がひどい勘違いをしているので言っておくが、憲法とはそんなものでは断じてない。

軍隊（大砲）や警察（拳銃）を使って、必要となれば人間を殺したり（戦争）、脅し付けて静かにさせたりすること（治安維持）が例外的に認められている団体は、国家だけだから、暴走して人間や社会を破滅に追い込むことがないように、人々ではなく国家「を」きびしく縛るものが必要だ。そしてそれこそが、憲法がこの世にある最大の理由だ。だから縛られる側である政府にこそ、率先して憲法を守る義務があると書かれている。

でも人々が今よりもっと国家に大切にあつかわれたり、もっと自由を享受できるようになったりするために、統治の設計図としての憲法をより良く整備する提案自体は悪いことではない。だから、総理大臣がそのスジにそって憲法を変えようとするなら、それを禁ずる理由はない。

となれば考えるべき問題は、とにかく変えたいという感情に根付く「心意気」の話ではなく、「どう変えるのか?」というところにある。何をどう変えると、僕たちは以前よりもっと政府の横暴を禁ずることができるのか、国家によくできた安全装置をつけることになるのか？　そういう目的から逆算して「あそことそことここを変えましょう」というのが改憲論のスジだ。その意味で、僕は改憲論者である。

ところが総理大臣とそれに乗っかっている人たちは、「政府じゃなくて国民に義務や責任を課す憲法にしよう」という、この世界にある憲法の根本的目的をはずれたことをやろうとしているから、自ずと「そりゃ、世界中から笑い者になるぞ。おれたちが」と反対する人たちもたくさん出てくることになる。つまり、憲法をどうするかという問題において、意見が水と油ほど分かれている。

意見が分かれる問題があれば、僕たちはどこまで同じ道を歩いていたのか、そしてどの地点で道が分かれてしまったのかを丁寧にたどって、その次に「そこで分かれるということは、大切にしたいと思う価値観がどう異なっているのか？」と話を整理しなければならない。そういう整理作業のことを、普通は「議論」と言う。議論することで僕たちが来た道のりを確認するわけだ。

議論というのは、意見の異なる奴を徹底的にやっつけるためにやるのだと思っていた君。違ぇよ。それは関西地方の元市長みたいな人が「自分のためだけ」にやっていたことで、そんなのは議論じゃない。てっぺんに登るための喧嘩だ。やっつけ切ってしまったら、やっつけた自分が成長する機会が失われてしまう。

憲法論議で意見が分かれているが、分かれていない

話は戻る。日本という国が、世界中から「まあまあ常識が通じる人たちだな」と思われるためにも、世界標準の憲法が必要だ。今の憲法は、修正すべき点もあるが、およそ世界から高い評価を受けている。まともな憲法を持つということは、そういう意味で国益を高める。他国から敬意を受けるからだ。

だから、あまりにひどいスジをはずした改憲提案となれば、「それは違いますよ」と広くこの社会に訴えねばならない。昨今、実際に多くの危機を感じた人々が仲間を集めて、人がたくさん参加しやすい、みんなの税金で運営されている団体（つまり市役所や区役所や県）の施設を借りて、シンポジウムや集会やフェスをやっている。

ところが、みんなの税金で運営しているはずの役所が、そういう民主政治の基本のような活動を「応援しません」であるとか「施設は貸し出せません」と断るようなことが、この数年急に増えてきている。

応援という言葉には、「積極的にあと押しします」という意味も、「共同で開催します」という態度も、「金も声明も出しませんが施設は提供します」という姿勢もすべて含まれる。だから公民館を貸してほしいという団体や個人がどういう人たちかによっても対応は変わる

し、どんな人たちに対しても全面的に後援をするというわけにはいかない。「アルマゲドンに備え武装せよ！」と訴えるカルト宗教団体は困る。

しかし、憲法をどうするのかといった、まともな議論が必要な問題があれば、役所自体がその問題にどういう判断や評価をしているかは「別として」、何が問題となっていて、どこで人々の考え方が分かれているのかを明らかにするために協力しなければならない。なぜならば、役所が管理しているさまざまな施設はみんな税金で維持されている「公共空間」だからだ。

これもほとんどの人たちが長年誤解していることなので注意を喚起しておくが、「公共的」という言葉の本当の意味は、「開かれた」、「共通の」、「対等だが個別事情の異なる人々の」というものだ。だから公共空間とは、人々に開かれた、オープンな場という意味だ。公共利益（個人的利益の逆）とは、人々に共通する利益という意味だ。

だから役所はみんなが共通のお約束にしたがって払う税金で運営されていて、たまたま管理する仕事を任されているにすぎないから、原則として公共施設は、開かれた場として分けへだてなく人々に利用させねばならない。役所は、開かれた、共通の、対等な市民たちの共有物を管理することが許されただけであって、公共性とは行政や役所の独占的な所有物ではない。ほとんどの大人が誤解していることだ。

そういう「開かれた場」を、人々の意見が分かれた大切な問題の確認のために貸し出すことを役所が嫌がっていることが頻繁に起こっているのが、今の僕たちの社会だ。

　そして何よりも一番不可解なのは、公民館を貸さない、憲法を守ろうという団体を応援しないとしている理由の中によくよく見られるものが、「そういう人々の意見が分かれているものはお断りしている」というものだ。聞いただけでもメマイがするような理屈だ。

　人々の意見が分かれているから「こそ」、いったいどこから分かれてしまったのかを確認するために集会やフェスをやるのに、役所は人々の意見が分かれている「から」、「貸さない」と言っている。こちらは、憲法とはなんのためにあるのかを誤解している人がたくさんいて、それでは困ったことになるから、その考えの分かれるところまで立ち戻ってみなければならないと言っている。つまり、憲法をめぐって意見が分かれているという事実から話を始めている。

　しかし、役所は意見が分かれている「から」、そんなものに役所が協力するわけにいかないと言っていて、もしそれを受け入れてしまうと、話を確認したり整理したりする場がなくなり、そこには「何もない」ということになり、つまり憲法論議で人々の考えは分かれて「いない」ということになる。

　役所の関係者（しかもこれが現場の課長の判断なのか、首長の強い意志なのか、市議会の合意なのかが明らかにされない）は、「意見の分かれたものはあつかえない」と、脳みその働きをとめた物言いを続けている。

政治の世界には、「黙っているなら認めたこととみなす」というきびしい原則があるから、「問題がここにありますよ」と言わないと、「いいんじゃね?」とされてしまう。今日も変わりない一日だとされて、ものすごいことが決められて進んでしまう。

どうしてそんなに理屈にもならない、まともな言いわけにもならないことを理由にして平気なのですかと問うても、それに対する回答は出てこない。

話はここで止まる。

教室で、福島で、市役所で、「起きているけど起きていないことにする」ような事態となっている。僕たちはそういう世界を生きている。

世界を決める「空気」

「起きているけど起きていないことにする」ような、不可解なことが起こる最大の理由は、みんなが「言葉」ではなく、「空気」ばかりを読んでいるからである。

イジメは起きている。間違いなく起きている。Sは「イジメられる側にも責任がある」などという、差別というものの本質を表す理屈に支えられてイジメられている。それは、はっきりとわかっている。しかし、誰も「そりゃもうやめようぜ」と言わない。身体がこわばる。

ボソッとそれを言ったMはハブられた。

四人組に強い「言葉」で釘を刺されたことはない。だから言葉には縛られていない。それじゃ何に縛られているのか？

それは空気だ。あると言えばあるが、ないと言えばないかもしれない空気だ。空気を読んで、空気に縛られて、「ここでSを守ろうとするようなことを言うと、ちょっとまずいことになるかもしれねぇし」とすることで、昨日も、今日も、明日も、SとMはイジメられる。

「わりとヤバいかもしれない」とみんなが思っているのに。

福島の子供たちが、他県より高い比率で病気になっている。それは起きている。わかっている。ちゃんと伝えようと努力しているメディアがかろうじてまだ僕たちの社会には若干残っているから、ぎりぎりでわかっている。

しかし、何とか伝えようとしている人たちを「デマ発生マシーン」とか「過剰におびえる放射脳」と悪口を言う人たちに、「どうして合理的な疑念が目の前にあるのに、それをないことにしたいのか？」と尋ねても、彼らは答えないし、答えられない。

理由は、「国策である原子力発電について悪く言うようなことはヤバいんじゃね？」という空気を勝手に読んで、自分でも本当は何におびえているのかわからないまま、縮こまっているからだ。空気ではなく、データを読んでいれば答えられるはずなのに。

原発に賛成する人だって、せいぜい「低線量被曝が人体にどういう影響を与えるかについては確証はない。しかもガンが発生する原因は放射性物質だけではないから、決めつけるわけにはいかない。もちろん健康被害が普通の頻度以上にあるかもしれないことは認めるけど」くらいは言ってもよいではないか。でも多くの人たちはそうは言わない。読んでいるのは空気だからだ。でも空気じゃ根拠にならない。

根拠にならないけれど、黙ってそう決める

原子力発電が排出する数万年もたたないと毒性が消えないゴミを、処分する場所も方法もあとまわしにすることは良くないと思う人もたくさんいるのに、政府は原子力発電所を再び稼働させようとしている。放射性物質の影響はあるけれど、ないということにしようとしている。決定を下そうとしている人たちがそうなっている、空気を読んでばかりいる、もうひとつの理由は、仕事と金だ。

電力会社の連合体は、世界でも指折りの高い電気料金に支えられて（競争がないからだ）、ものすごい金をもっていて、その金は新聞、テレビ、雑誌の広告費として流れ入ってくる。メディアの収入は、そこからの比率が高く、金を出す企業や広告代理店に強い態度に出られないという立場があり、お客さんの機嫌を損ねないようにどうしても顔色をうかがうことになる。

金を出す側は「原子力発電に否定的なコメントをする人を番組に出すな」と、証拠が残るやりかたで圧力をかけることはない。「こういう風に圧力をかけた」ということが世間にバレたら、人々の不信と怒りをかうからだ。大人はそんな下手くそなやり方をしない。黙っていても、相手側（テレビ局）が「勝手に先まわりをしてこちらの望みを読んで、自分からこちらの望み通りのことをやってくれる」のを待つ。

先まわりする側も、お客さんの「言葉による要望」がない以上、「きっとお客様はそのようなことをお望みだろう」と空気を読んで、「やっぱ原発はもう止めなきゃいけないな」と思いながら、結局は何かにおびえて、何かを面倒臭がって、「番組の改編の時期ですから」というよくわからない理由で「原発は無責任ですよ」と発言した女優をコメンテーターからはずすことになる。

どうしてはずしたのですかと尋ねられても答えられない。「電力会社から圧力がかかったからです」とできる言葉の証拠がないからだ。そして、いくら軽さとノリが売り物のテレビ局としても、「そういう空気を読んだからです」とは言えないからだ。

だから、「空気読み」とは、その裏側に「すみませんが、もう理屈は出せません」という、いわば立場の弱い者の悲鳴がはさみ込まれている。そんなことに判断を下せないし、下した理由なんて言えません、勘弁してくださいと、苦しい表情をしている姿がそこにある。悪しき心を持つ者たちによる犯罪とはちょっと異なるから、これは解決が難しい。

「そう決めた」理由は言葉で記録されない

こういう「空気を読み、先まわりをして何かを行う」ことを、やや固い言葉で表現すると「忖度《そんたく》」となる。辞書を引くと「人の心を思いやる」、「推測する」という説明がある。「おし黙った隆の震える背中を見て、美智子はある忖度をしたのだった」などと使う。

でも辞書の説明だけでは、ここで僕たちが確認したいことを正確には表現できない。人の心を思いやることは大切なことだし、ある程度それをしてあげないと、人間の関係はなめらかに進まないという部分がある。でも、その裏側も考えねばならない。

この説明では足りないのは、忖度するということが「きっとそうなのだろうと判断した理由や根拠を言葉で残さない」という重大な欠点があるということだ。教室でも、福島でも、役所でも、メディアの場でも、人々は空気を読んで、空気を根拠に、「起きているのに起きていないことにする」という芸当をやってのけている。そして、そのすべてに共通しているのは、判断の根拠となるものが曖昧かつ言語化されない、「そんな感じ」という空気だということだ。

空気の恐ろしいところは、「誰もそれをはっきりと説明できず」、「人によって受け止め方が微妙に異なり」、「にもかかわらずなぜか『あるある』とされやすく」、そして「未来を生きる人たちに申し送る記録にならない」ことだ。ときには人の生活や人生を決定的に左右してしまうような大切な決めごとがなされた理由が、ほとんど記録されないということだ。

それは「どうしてあのようなひどいこと（戦争、事故、理不尽な事件）になったのか？」という適切な「振り返り」をすることができないということだ。そうなった理由が言葉として残されるのではなく、「そういう空気だったから」とされてしまうからだ。

70数年前に、日本は軍艦や戦闘機を動かすための石油の生産量が720倍もあるアメリカと戦争をするという狂気としか言いようがない決めごとをして、兵隊と普通の人合わせて310万人を死なせてしまった。東京ドーム60杯分の人間だ。

狂気というのは、その国の人々全員がかかる病気ではない。日本には戦争前に世界に留学して、アメリカで仕事もして、アジアの資源のない国がアメリカと戦争をすることがどれだけ馬鹿げたことかを知っている人もたくさんいた。開戦の直前に、相当正確なデータを使った分析で「やっても必ず負けます」と、シガラミなくものが言える若手の優秀な官僚たちが結論を出して報告もしていた。それでも戦争は止められなかった。

戦争が終わった後、その最高決定を下した政治家たちにインタビューをした。彼らの多くは「私個人は、あの戦争には反対だった。勝つ見込みは千にひとつもないと確信していた。しかし、事態があのように進展していく中で、もはや反対することはできない空気があった」と述べた。

村から一人しか進めないような帝国大学を出た、目もくらむようなスーパー秀才エリートだった人たちが、声をそろえて「もはや反対することができない空気があった」と言っている。ドイツ語で日記を書けるような、言葉を自由自在にあやつることができるエリートたちが、一億人の運命を左右するような決めごとを、最後には言葉ではなく「空気を読んで」身を委ねたと語っている。

70数年前のあのとき、とんでもない数の人が死に、国が破滅する可能性があったのに、そんな可能性は「なかったことにされ」、そんな重大な決めごとの根拠が「そういう空気だったから」としか記録されていないのが、僕たちの生きる日本という国だ。

福島の原発事故直後の危機を回避するための政府首脳の重大会議、40年以上も続いた政府の憲法解釈を内閣の形式的合議だけで大きく変えてしまった経緯、いずれにおいても議事録が残っていない。それが僕たちの国の致命的な欠陥だ。これはもう病気と呼んでもさしつかえないと思う。かつて有名な政治学者はこれを「壮大なる無責任体制」と呼んだ。

今も宿題は終わっていない。

空気を言葉にして理屈にして記録せよ

人は空気を読む。先まわりもする。何かにおびえて、事前によかれと思って余計なことをする。そうじゃないのに、そうかもしれないと間違った推測をする。おびえているから、恐れているから、いつもよりも不正確な予測をする。おびえてなくても、なんとなく面倒臭いから空気を読む。考えることを止める。

そういう人の姿を見た他人にも、そういうおびえと面倒臭がりが伝染する。みんながなんだかそわそわしてると、こちらも不安になる。一人だけ駅のホームに取り残されて、遠ざかっていく電車を見送るのではないかと焦る。そういう弱いところがあることを、ないことにはできない。僕たちは弱いし無力だ。あまり人のことは言えない。

しかし、弱くて無力な人間にも、最後の最後に、どうせ流される、抵抗しづらい奔流の最中にあっても、ギリギリでできることがある。それは「僕らはどうやって負けたか」、「あたしたちは何が怖かったのか」、「みんなは何がそんなに心配だったのか」を、流されることもあるとしつつも、未来のために紙に書き残すことだ。「そういう空気だった」という伝聞では記録にならない。

空気を読んで、その結果ひどいことになったのなら、最悪でも「こういう空気だった」、願わくは「こういう、ああいう、そういう出来事と事実があったため、おそらくこういうことになるのではないかという不安があり、だからああいう行動に出て、そういう結果になったのだと思う」と書く。記録する。言語化する。あとの人たちの検証のデータを残す。

人間は、空気に縛られる。しかし、もっぱら空気だけに縛られると、検証ができず、正しく思い返すこともできず、教訓を作ることもできず、またぞろ同じことを繰り返し、おびただしい人たちの生活と人生を台なしにさせてしまう。それは意外と簡単に起こる。

未来を生きる人たちよ。人生のステージは、生まれてきた時代とタイミングによってまちまちだ。全く同じ出来事が起こることはない。君と僕の見た風景は同じではない。だからそのときそのときに、おのおのがその場を生き、受け止め、戦うしかない。

しかし、僕たちの社会では、「空気を読んで、起こっているのに、起こっていないことにする」というものごとの処理が、重大な問題になればなるほどずっと続いている。

若い人よ。君たちは、オサーンやオバハンを「意味わかんねぇこと言ってるウザい人たち」、あるいは「ほぼガイジン」くらいに思っているかもしれない。光栄なことだ。

でも何かにおびえて、何かを恐れて、空気ばかりを読んで、「起きているのに、起きていないことにする」心の習慣は、全く同じように持っている。この点については、君らと僕らは同じ問題を抱えている友人だ。つまり僕たちは弱い。

「だから一緒に不幸をかみしめ合おう」などとは言わない。そういうのを本当の無責任と言うのだ。そして後から生まれた者たちの特権とは、前に生まれたアホたちの失敗の記録を読むことができるということだ。もうすでに君たちは、その意味でオサーンやオバハンよりも圧倒的に有利な位置に立っている。

でもそうであるためには、絶対に失ってはいけないものがある。

言葉だ。空気じゃない。
それは巨大なるバカを繰り返さないための唯一の道具だ。
長々と書いたことをつきつめれば、本当に君たちに伝えたいことはそれだけだ。
生きている間は懸命に努力するから、あとは頑張ってくれ。
申し訳ない。

科学者の考え方

――生命科学からの私見

仲野徹

仲野徹（なかの・とおる）

1957年、大阪市生まれ。大阪大学医学部卒業後、内科医から研究の道へ。京都大学医学部講師などを経て、大阪大学大学院・生命機能研究科および医学系研究科教授。専門は「いろんな細胞はどうやってできてくるのだろうか」学。著書に、『幹細胞とクローン』（羊土社）、『なかのとおるの生命科学者の伝記を読む』（学研メディカル秀潤社）、『エピジェネティクス』（岩波新書）などがある。

はじめに

「根源的に考える」というお題をいただいて、はたして自分は根源的に物事を考えているのだろうかと、考え込んでしまいました。大学の医学部で生命科学を研究しています。もちろん、研究するには考えることが必要ですし、自分では、けっこう深く鋭く考えているつもりでいます。しかし、それは、自分の研究テーマという、ものすごく狭い領域についてであって、根源的に考えるなどということとはほど遠い気がしてしまったのです。

それでも、こうして書き始めています。少年老い易く学成り難し、と言いますが、早いもので、研究をはじめて30年以上になります。さすがにそんなに長い間研究をしていると、科学者——といっても、生命科学しか知りませんから、生命科学者と言うべきですが——としての考え方が身についています。すぐ身の回りに科学者がいる、という人はそう多くないでしょうから、科学を生業にしている人が普段からどういうふうに考えているかをちょっと聞いてもらうのも役にたつかもしれないと思い直して、書くことにしたのです。

この本の呼びかけ人である内田樹先生からは、今の世の中は破綻寸前ではないか、そのような状況において「転換期を若い人が生き延びるための知恵と技術」を書いてください、という依頼をいただきました。そんなことを書けるかどうか、よくわからないのですが、じつは、科学における学説は、破綻を来たし、その次に転換期を迎えて前進してきたという側面があります。ということで、まずは、破綻と転換というあたりの話から始めていきましょう。

科学は破綻しながら進んできた？

さて、科学って何でしょう？　わからないことがあれば辞書をひきなさい、といつも学生に言っているので、とりあえず岩波書店の広辞苑で調べてみました。「観察や実験など経験的手続きによって実証された法則的・体系的知識。また、個別の専門分野に分かれた学問の総称」とあります。いろいろな観察や実験をして、その個別的なことから、法則や体系的な知識、すなわち、正しい考え方や論理を導き出す、というのが科学ということになりそうです。

どの時代に科学が成立したかというのは難しい問題なのですが、それほど昔のことではありません。おおよそ16世紀から17世紀と考えるのが妥当とされています。地動説を唱えたガリレオ・ガリレイや、血液循環を発見したウィリアム・ハーヴェイといった名前を聞いたことがあるかもしれません。どちらも、自らが考えついた仮説に基づいて、簡単な実験をおこなって普遍的な法則を導いた人です。そういった人たちが活躍したのがその時代です。近代科学は、その頃のヨーロッパにおいて「発明」されたものなのです。

科学・技術、というように、技術は科学とよく対にされる言葉ですが、広辞苑によると、技術は「科学を実地に応用して自然の事物を改変・加工し、人間生活に役立てるわざ」となっています。広辞苑には失礼ですが、これは少しおかしな説明です。現代的な定義としては、この説明でいいのかもしれません。が、「科学を実地に応用して」というところが、歴史的に見るとあてはまらないのです。

羅針盤、火薬、紙、印刷術、は中国の四大発明と呼ばれています。これらを作るには大いなる技術が必要ですが、科学的な法則ではなく、経験に基づいて作られたものなのです。このように、科学が発明されるはるか前から、いろいろな技術は存在していたのです。ごく簡単に言うと、技術というのは実際的なもの、科学というのはもうちょっと理論的なもの、といったところでしょうか。

科学的というと、正しくて確固たるもの、という印象があるかもしれません。現代の科学は相当に進歩していますから、そう考えるのも無理はありませんし、おおむねそれでかまいません。しかし、かつては、今となっては、とんでもないとしかいえない考え——「トンデモ説」ともいえる考え——が大まじめに信じられていた時代もあったのです。もちろん、そういったトンデモ説がいつまでも信じ続けられることはありませんでした。それは、いろいろな観察や実験がおこなわれて、次第にトンデモ説に対する反証が積み重ねられ、多くの人がどうもおかしいぞと思うようになっていったからです。

おかしいぞという人がどんどん増えてくると、トンデモ説は破綻をきたしてしまいます。

そうなると、その説が捨てられて、新しい、そして、より正しそうな説へと移り変わっていきます。もちろん、すべての学説がそういうようにしてできあがってきたわけではないのですが、歴史的に、そういうような例がいくつもあるのです。

必ずしも正しいとは限らない

コンセンサスという言葉があります。日本語では、意見の一致、とか、合意、と訳されます。政治では、よく「国民の合意をとりつけた」とかいう言い方がされますが、いろいろな考えの人がいて、たくさんの政党があることからもわかるように、政治的なことについて完全に国民の合意を得られることなどほとんどありえません。

政治的なことについて、完全な合意がなされる、あるいは、なされたと政府によって解釈される、というのは、むしろ恐ろしい状況です。第二次世界大戦前の日本や、ナチスが台頭した時代のドイツのことを考えてみればわかるように、言論弾圧や戦争などといった恐ろしいことの引き金になる可能性が十分にあるのです。

それに対して、科学というのは、コンセンサスを得やすい分野です。それは、科学は、政治信条のような「好き嫌い」ではなくて、「真実」をあつかうからです。「」付きの真実という、少しあいまいな書き方をしたのには理由があります。トンデモ説ほどひどくはなくとも、いま正しいとされていることであっても、ひょっとしたら、研究が進むにつれて、将来、正しくないと判定されることは十分にありえるのです。すなわち、本当の真実かどうかを完全に断定することは難しいということなのです。

こういったことまで考えて、物事を完全に断定的に言い切らないことが多いのは、科学者のひとつの特徴です。科学者が真実を尊いと思うが故の行動パターンですから、科学者の良心という言い方もできます。けれども、こういう言葉遣いは、慎重すぎてちょっとうっとうしいと思われるかもしれません。

一つの例として地動説を考えてみましょう。現在では、地動説というのはコンセンサスになっています。しかし、ガリレオやコペルニクスの時代以前は、地動説ではなくて天動説がコンセンサスだったのです。科学におけるコンセンサス――あるいは、この場合は常識と言ってもいいかもしれません――は、必ずしも正しいとは限らないということが、この例だけからもわかるでしょう。

このように多くの人が共有している科学的な知的枠組を、難しいけれどちょっとかっこいい言葉で「パラダイム」と言います。太陽が昇る、という観測事実は、はるか昔から皆が知っていたわけです。その事実は、昔は天動説のパラダイムで説明されていたのが、次に述べるように、科学的な観測が蓄積した結果として破綻し、地動説のパラダイムへと転換したという訳です。

天動説を信じていたなんて、昔の人は頭が悪かったんだなぁと思うかもしれませんが、それは違います。その時代の最高に知性的な人だって天動説を信じていたのです。パラダイムというのは、それほど強力に時代を覆い尽くしているものなのです。

頑固な「パラダイム」

では、どのようにして天動説から地動説へとパラダイムが転換していったのでしょう。まったく知識がなかったら、天動説と地動説だと、天動説の方が信じやすいと思いませんか？　だって、地面がすごいスピードで動いているなんて、普段生活していてもまったく感じないのですから。だから、昔は、なんとなく天動説が圧倒的に優勢だったのです。

しかし、技術が進み、いろいろなことが観測されるようになって、おかしいぞということが少しずつでてきました。たとえば、地球がじっとしていると考えると、惑星の動きを説明するのに、相当に複雑な考えを持ち出さないといけないことがわかってきました。16世紀になって、コペルニクスは、『天球の回転について』という本に、太陽が中心にあって、地球も惑星もその周りを回っていると考えた方が合理的だと書きました。

この考えは、地球が宇宙の中心であるという聖書の考えにあわないために、反発をくらい、なかなか受け入れられませんでした。ちなみに、コペルニクスは、この本を死ぬ前年に発表しています。教会からクレームがつくのがわかっていたので、出版をそこまで遅らせたのではないかとも言われています。

しかし、その考えの方が正しいのではないかという研究成果――すなわち天動説に対する反証ですね――が徐々に蓄積していきます。そんな時代の中に登場したのがガリレオです。ガリレオは、望遠鏡による観測で、木星の周りに四つの衛星があること、すなわち、木星もその周囲を回る星を持っている、ということを発見しました。これによって、地球が宇宙の中心であるという天動説に決定的なダメージを与えたのです。

最終的にはもちろん地動説が認められたわけですが、一発ですんなりいったわけではないのです。コペルニクスとガリレオでは90歳くらい歳が違いますから、コペルニクスの考えが出されてからパラダイムが入れ替わるまで、かなりの年数がかかったことがわかります。パラダイムというのは、非常に強固なものなので、少々の反論があっても、都合のいい言い訳を編み出してパラダイムを守るため、その反論を跳ね返してしまいます。しかし、さらに反論がどんどん積み重なっていくと、いよいよもたなくなって、最終的にその説が破綻し、初めてみんなの考えが変わるのです。

科学哲学という分野があって、科学とは何か、とか、科学の方法とかを考える哲学です。その分野で有名なひとりにトーマス・クーンという人がいます。そのクーンが、ここで簡単に紹介したように、科学というのは、あるパラダイムが次のパラダイムへと転換する「パラダイムシフト」によって進歩するのだという考え方をとりいれました。この考えは『科学革命の構造』という本に書かれているのですが、学説が破綻して次の学説に進むというのは、確かに、社会における革命に少し似たところがありますね。

みんなが信じ込んでいるパラダイムであっても、間違えている可能性があるということはわかってもらえたでしょうか。ある意味では、科学は、みんなが当たり前に思っていることに対して疑いを持つということによって進歩してきた、という言い方もできるのです。だから、科学では、みんなが信じている考えだからといって鵜呑みにしない、ということが大事なのです。

ここまでは、科学の進歩をマクロ的＝巨視的な立場から見てきました。科学の進歩ってすごいなぁ、と思ってもらえたらうれしいところです。もちろん、そのような進歩は科学者の営みによっておこなわれたわけですから、科学者もすごいなぁ、と思ってくれるかもしれません。が、残念ながら、周囲の科学者を見回してみても、それほどすごくはなさそうな気がします。それでも、科学者たちが「考える」という行為をおこない続けてきたからこそ科学が進歩してきたことは間違いありません。ですから、次は、科学者というのはどういう考え方をするのか、というミクロ的＝微視的な立場から説明してみたいと思います。

とりあえず疑う

科学者のいちばんの楽しみは何でしょう。いろいろあると思いますが、世界中の誰もが知らないことを見つけた時の喜びがいちばんです。みなさんも、ふだんの生活で、何かの秘密を知ったらうれしいでしょう？　それを思いうかべてもらうと、世界中で自分だけが、自然が作り出した秘密の一端を知っているのが、いかに嬉しいかを想像できるかもしれません。

そのためには、これまでの説や、すでに知られていることとは違うものを見つけ出さなければなりません。だから、他の人のいうことをハイハイそうですね、と聞いていてはいけません。常に「それっておかしいのと違う？」とか「ほんまですかぁ」とかいう気持ちでいないとだめなのです。いちいちそんなふうに考えていると、ちょっと変な奴だと思われるかもしれません。それに、いきすぎると性格が悪いと思われてしまうかもしれません。しかし、そういった考え方をとらないと、科学というのは決して進まないのです。

この姿勢は、科学とか発見とかだけではなくて、日常生活でも、ある程度は大事なことかもしれません。みんなと同じことばかりしていては、そこそこ面白いかもしれませんが、つきぬけた楽しみを得ることは難しくなります。決して、協調性をなくせとか喧嘩をしろと言っているのではありません。たとえ周囲と意見が違っても、自分が正しいと思ったことは、信念をつらぬかねばならないこともあるはずです。科学は決して多数決だけで決まるものではないのです。

ハンガリー出身のセント＝ジェルジというぶっとんだ科学者がいます。この人は、ビタミンCの発見でノーベル賞をもらったのですが、ほかにも二つノーベル賞級の発見をしていますから、いかに偉大な科学者かがわかるでしょう。そのセント＝ジェルジは、「発見というのは、誰もが見ていたことを見て、誰もが考えなかったように考えることによってもたらされる」という名言を残しています。これは、決して物事を非常識に考えるということではありません。あくまでも、常識的にではあるけれども、ほかの人とは違った視点から考えるのが大事なのだということです。

セント＝ジェルジは逸話に事欠かない人なのですが、二、三紹介してみましょう。セント＝ジェルジは、後にビタミンCであることが判明する物質を見つけて精製し、それがある種の糖であることを発見しました。しかし、その糖が何の役にたつかがわからなかったので、ラテン語の「わからない」を意味する「イグノスコ」と、糖を意味する「オース」をくっつけて「イグノース」と命名します。しかし、そんなふざけた名前はだめだと、論文に載せてもらえません。次に、セント＝ジェルジは、それならと、神のみぞ知る糖だと「ゴッドノース」と改名しますが、また却下されてしまいます。ユーモアといえばユーモアですけど、しつこいですよね。

筋肉にはアクチンとミオシンというタンパク質があります。研究費がなかったセント＝

ジェルジは、アクチンとミオシンをビーカーの中で混ぜて、手でかき回していました。すると、段々と回すのが重くなってきました。難しく言うと、粘性があがってきたのです。このことが、筋肉の収縮にはアクチンとミオシンの反応が重要である、という大発見につながったのです。天才って、やっぱりすごいですね。

もっとすごいのは、第二次世界大戦中の逸話です。ハンガリー首相の密命をうけて、ナチスに見つかって殺される危険を冒して、スパイとして連合国側の諜報機関と接触します。これを知ったヒトラーが、セント＝ジェルジのことを名指しで罵倒して、ドイツに連行するように命じたほどです。セント＝ジェルジは難をのがれるために身を隠しますが、大戦後には、ハンガリーの初代大統領の候補にまでなります。おそらく、もうこんなすごい科学者は出てこないでしょう。いやはや、ほんとにぶっとんでますよね。話が少しそれたので、元にもどります。

考えやすくして考える

さて、ある説を疑ったとして、実際にどうやって確かめていけばいいのでしょう。まず重要なことは、実験条件を整えるということです。例として、ガリレオの有名な実験を考えてみましょう。ギリシャ時代のアリストテレス以来、重い物体ほど速く落ちると信じられていました。しかし、ガリレオは、ピサの斜塔から、同じ材料でできた重さの違う球を落として、落ちる速度が同じであることを示したと言い伝えられています（ただし、これは作り話であるという説もあります）。

この実験では、同じ材料で、同じ形である球を使ったのがひとつのミソです。科学というのは、他の条件をできるだけ同じにして比較する、というのが基本なのです。そうすることによって、この実験では、重さだけが違う、ということを比べることができるのです。違う材料や違った形のものを使うと、材料の特性や形による影響も考慮にいれなければならなくなるからです。このように、科学的な研究というのは、できるだけ条件を整えておこなうのが常です。その方が、わかりやすく説得力のある解釈ができるからです。

逆に言うと、ある実験の結果というのは、条件を整えて得られた結果、すなわち、ある特殊な状況での結果でしかありません。ある特定の条件であることが言えても、それがすべての場合にあてはまるかどうかはわかりません。しかし、だからといって、ありとあらゆる条件で確かめることなど、手間がかかりすぎて不可能です。

科学者というのは、常に鋭く深く考えている、あるいは、すくなくとも考えているつもり、です。しかし、それは、あくまでも、条件をそろえて、言い換えると、考えやすくして考えているにすぎません。最初に、自分は根源的になど考えているかなぁ、と思ってしまったのは、こういう理由があるからです。しかし、そのようなところから、できるだけ普遍的な考えを導きだすのが、科学における大切な営みなのです。

シンプルに考える

実験条件を単純にするだけでなく、データをできるだけシンプルに考える、というのも科学者の考え方の特徴のひとつで、非常に重要なことです。あることを説明する時に、いろいろな可能性が考えられる場合があります。そういった場合に、とりあえず、最短距離でシンプルに説明しておこうという態度です。あれやこれやとこねくり回して考えて訳がわからなくなるよりは、使い物になりそうな作業仮説を採用しておきましょう、ということなのです。

こういった、できるだけ単純に考えるやり方は「オッカムのカミソリ」と呼ばれることもあって、広辞苑には「ある事象を説明する際に『必然性なしに多くのものを定立してはならない』という原則」と説明してあります。14世紀の哲学者であるオッカムにちなんだ名前ですが、カミソリというのが、いかにも無駄なことをそぎ落とす感じがしてかっこいいですね。かのアルバート・アインシュタインも、「物事はできるだけ単純にすべきである」と語っています。ただし、もう一言、「しかし単純すぎずに」という言葉を付け加えています。さすがは天才、なかなか含蓄があります。

もうひとつ大事なことは、いくつものことを同時に考えてしまわない、ということです。

これは簡単なように見えて、けっこう難しいものです。ほとんどの物事はいくつもの要素に分けることができます。ちょっとおかしな例かもしれませんが、美人とかハンサムな人の顔を判断する時に、各パーツである、目、鼻、口、耳、などの要素に分けて、それぞれがどれくらい良いか悪いかということを吟味することによって、おおよその判断をすることができるはずです。

人間の頭というのは、たくさんのことを一度に考えるほどうまく作られてはいません。だから、まず、ひとつひとつの要素を吟味して考えてみるのが大事なのです。全体を考えるのは、その要素の吟味が終わってからで十分です。実験をするときは、できるだけ条件を一定にする、と言いましたが、そうすることによって、考えなければならない要素をできるだけ減らしている、という言い方もできるのです。

ただし、難しいのは、「全体は部分の総和ではない」と言われることもあるように、要素を吟味しただけですべてのことがわかるとは限らないことです。美人とハンサムの例でいうと、各パーツの並び方もかなり重要になる、というようにたとえることができるでしょうか。このあたりになると、各パーツの単純な評価よりも、かなり高度になってきて、科学者の腕の見せ所ということができるかもしれません。

数値的に考える

物理を専門にしておられて、科学史についてすばらしい本を何冊も書いておられる山本義隆さんは、何のために勉強するのですかと尋ねられて「自分の頭で考え、自分の言葉で自分の意見を言う。ただそのためだけに勉強するのです」と答えられました。これは、勉強だけでなく、科学という言葉にも、ぴったりとあてはまります。

芸術だと、あぁすばらしいと感動しても、うまく言葉であらわせないことがあるでしょう。しかし、科学は違います。科学というのは、具体的に、言葉で確実に伝えることができなければなりません。そのためには、普段から自分でしっかりと具体的に考えて、正しく言語化しておく必要があるのです。

ある実験でAとBが生じる率を調べた場合を考えてみましょう。その結果を見て、いろいろな記述の仕方が可能です。ごく普通に、Aの方がBよりおこりやすい、という書き方ができます。しかし、これだけでは、どれくらいおこりやすいのかわかりません。Aの方がBよりも5%おこりやすかった、というと、少し詳しくなります。しかし、これでも十分ではありません。

Aが95%、Bが90%の率でおこる場合であっても、Aが20%、Bが15%の率でおこる場合であっても、もっと極端な場合はAが5%でBが0%の場合であっても、Aの方がBよりも

5%おこりやすかった、ということになるのです。これら三つの場合では、どれもが5%の違いといっても、印象がずいぶんと違うはずです。

何がいいたいかと言うと、きちんとした元のデータから考えないといけない、ということです。そうでないと、とんでもない勘違いをしてしまうことがあるし、誤って伝えてしまうことがあるのです。すごくちがいます、とか、わりと大きいです、とかいう判断や言い方ではダメなわけです。『わりと』が付けばカラスも白い」という言葉があります。ちょっと白っぽく見えるカラスがいたら、こういう言い方は十分可能です。でも、これは、決してそのカラスが白いことをあらわすのではありません。そうならないように、具体的に、できれば数値的に考えて伝えることが大事なのです。

合理的に考える

次は、合理的ということについてです。ここでも広辞苑を引いてみると、合理的とは「①道理や理屈にかなっているさま。②物事の進め方に無駄がなく能率的であるさま」と説明されています。①の意味は科学そのものですね。それだけではなく、科学には②の姿勢も要求されます。研究というのは、決して競争ではありません。しかし、二番手以降は評価がうんと低くなってしまいます。人より速く進めるには、無駄なく、能率的に研究をしなければならないのです。

簡単な例をあげて考えてみましょう。ある結論を導くために、A、B、C、Dと四つの実験結果がすべて必要であるとします。どの実験もうまくいくとは限りません。おおよその見積もりとして、うまくいく確率は、Aは95％、Bは75％、Cは50％、Dは25％とします。さて、あなたならどの実験からとりかかりますか？

失敗したらいやだから、うまくいきそうなAから始める、という人がいるかもしれません。人情としては、よく理解できます。が、それは間違いです。こういった場合なら、絶対にDから始めなければなりません。四つともうまくいかないと結論がでないわけです。ということは、たとえAとBとCがうまくいったとしても、Dがうまくいかなければすべてが無駄になってしまうわけです。だから、なんら考えることなく、うまくいく率が最低のDから始めなければなりません。そのまま研究を続けていったほうがいいのかどうか、無駄なことをしないで済むように、ゴー・ストップを早い目に決めてやる必要があるということです。こういったやり方も、普段の生活にも応用できる考え方かもしれません。

常に失敗に備えておくというのは大事なことです。もちろん、うまくいってほしいと思って実験をやっています。はちまきに「必勝」と書いたら勝てるのならばいいのですが、うまくいってほしいと思うだけでうまくいけば苦労しません。もちろん、必ずしもうまくいくわけではありません。だから、常にうまくいかなかった時のことを考えて準備しておく必要があります。

ある研究をしている時は、常に、ダメだった時のことを考えて、次の準備を開始しておく必要があるのです。どうも中には、「そんなことを考えると縁起が悪い」とか思って、失敗した時のことを考えない人がいます。しかし、それは大間違いです。ダメだとわかってから、どっこいしょとおもむろに考えて、それから準備に取りかかっているようでは、時間が無駄になりすぎるのです。

もうひとつ、ついでに言っておくと、私には「仲野の第一法則」というのがあります。これは「実験はやらなければ進まない」というものです。「実験はやれば進む」だといいのですが、往々にして、うまくいかなくて、やっても進まないことがあるのです。だから、「やらなければ進まない」といううまどろっこしい言い方になっています。わざわざそんなこと言わなくてもわかるじゃないか、と思うかもしれませんが、これを法則にしているのには理由があります。

実験がうまくいかなくなると、ショックをうけてそこで立ち止まってしまって、まったく前に進まなくなる人がけっこういるのです。まったく時間が無駄です。そうならないようにも、常に、うまくいかなかった時のことを考えておく必要があるのです。そして、うまくいかなかったら、つらくとも、やらなければ進まないのだからと、できるだけ早く気を取り直して、前もってダメな時のために考えておいた実験に取りかかればいいのです。こういった合理的な進め方も、実生活に役立ちそうなことかもしれません。

いっしょに考えてもらう

山本義隆さんがおっしゃるように、まず自分の頭で考えることが重要です。でも、それには限界があります。自分の持っている知識には限りがありますし、時には、考えていると思っても、同じところをぐるぐる回っているように、同じようなことばかり考えていて、少しも前進していないことがあります。

だから、時には、他の人にいっしょになって考えてもらわなければなりません。そのためには、誤解を招かないように、きちんと具体的に伝えるために、「自分の言葉で自分の意見を言う」ことが大事なのです。そうすることによって初めて、他の人に、興味を持ってもらって、いっしょに考えてもらうことができるのです。

ひょっとしたら、とんでもない勘違いをしていて、そのことを指摘され、それまでの研究が水泡に帰すようなこともあるかもしれません。しかし、それはそれで受け入れる必要があります。悲しいかもしれませんが、あのまま続けても無駄な時間を費やすばかりだった、ちゃんと教えてもらってよかった、というくらいの太っ腹な姿勢が大事です。合理的に考えると、そうするべきだということがわかるでしょう。もちろん、よほどのことがない限り、そんなひどい状況にはなることはないはずですが。

科学者というのは、基本的に好奇心が旺盛で、他人の研究にもちょっかいを出したがる人たちです。だから、多くの場合、いっしょになって考えてくれます。しかし、これは、必ずしも、その人の脳みそをお借りするということを意味しません。ある人が、これまで考えていたことを快刀乱麻のごとく解決してくれることがあるかもしれませんが、そんなことはめったにないはずです。それに、自分で一生懸命考えてきたことを相談して、すぐに解決されてしまったりしたら、それまでの自分がアホやったということですから、イヤですよね。

それよりも、セント＝ジェルジの至言にもあったように、同じことを、違った側面から考える視点を与えてもらうためにディスカッションをするのです。当たり前のことですが、自分は自分の考えに染まりきっています。そこへ、違う刺激を与えてもらって、自分の考えを方向転換させたり、バージョンアップさせたりすることが重要なのです。

ワトソンとクリックという有名な科学者の名前を聞いたことがあるかもしれません。遺伝情報を蓄積している分子であるＤＮＡが二重らせん構造を持っているということを見つけた二人で、これは20世紀における生命科学の最大の発見ともいわれるほどの大成果です。やり方に少し問題がないわけではないのですが、この二人は、自分で実験したのではなくて、いろいろなデータをああでもないこうでもないとディスカッションするだけで、大発見をなしとげたのです。おそらく、この二人が出会わずに一人ずつで考えていたら、二重らせんの発見は、何年か遅れて他の人が成し遂げていたことでしょう。

問題というのは、二重らせんの発見に必要であったデータ――くわしく言うとX線回折像の写真なのですが、説明すると長くなるので省略します――を、不正ぎりぎりといっていいような状態で見たことです。その写真は、別の研究所にいたロザリンド・フランクリンという女性研究者が撮影したもので、その上司が勝手にワトソンに見せたのです。盗み見とまではいえませんが、かなりきわどい行為です。

そのあたりの経緯は、ワトソンの書いた『二重らせん』に詳しく書かれています。この本は、世界各国の言葉に翻訳され、科学者が書いた本の中で、これまでにいちばん読まれた本だとされています。ただし、あくまでも、ワトソンの個人的な思い出が綴られているものなので、どこまで正確に伝えているかはわかりません。なかでも、ロザリンド・フランクリンを悪し様に書いているのは問題があるとされています。でも、面白い本なので、興味がある人は、ぜひ読んでみてください。

残念なことに、相手の考えに否定的なことを言うのが失礼である、という奥ゆかしい文化のためか、日本人は、ほんとうの意味でのディスカッションが苦手なようです。しかし、科学の世界ではもっとドライであるべきです。欧米の研究者を見ていると、けんか腰で相手の考えに対して非難めいたことを言っていても、その討論が終わったら、けろっとして仲良く話したりしています。これも、ふだんの生活に取り入れることができたらいいなぁと思いますが、なかなか難しそうな気がします。

科学にはそもそも国境がない

すこし話を変えて、科学と世界のかかわりについて考えてみましょう。あちこちでグローバル化が叫ばれています。グローバルの元になっているのは野球に使うグローブ（glove）ではなくてグローブ（globe）という言葉で、球や地球のことをさします。グローバル化をそのまま訳したら、地球化というへんちくりんな日本語になってしまいますね。一般的に、グローバル化というのは、国境がなくなったかのような状態になることをさします。

交通や通信が発達して、グローバル化がどんどん進んできた、そして今も進みつつあるのは歴史の必然なのですが、必ずしもいいことばかりではありません。しかし、科学というのは、もともとグローバル化された活動であるという特徴を持っています。19世紀のフランスの科学者にルイ・パスツールという人がいました。パスツールは、細菌学をはじめいろいろな分野で業績を残していますが、「科学に国境はない」という有名な言葉を残しています。ほんとうにそのとおりですし、そうでなければなりません。

ただし、パスツールは、その言葉の後に「しかし科学者には祖国がある」と付け加えています。理由ははっきりわかりませんが、隣国であるドイツには最大のライバルであるロベルト・コッホがいましたし、そのドイツ（プロイセン）とフランスが戦争をしていた時代ですから、このような言葉を残したのかもしれません。

かつて、ソビエト連邦において、ルイセンコという人が唱えた誤った学説を国が大々的にとりあげて、農作物の生産量が著しく低下するという非常な災難を引き起こしたことがあります。しかし、それは完全に例外であって、国によって異なる科学的な真実などありえません。だから、科学がグローバルである最大の理由は、真実をあつかうからということです。もうひとつ、どの国も、豊かになるためには、科学やそれに基づく技術を導入したいと考えているということも理由にあげることができるでしょう。

科学における共通言語は、いまや完全に英語です。残念ながら、日本人が完全に英語を使いこなすのは難しいのですが、最終的に発表する時は、論文であっても国際学会であっても英語でなければなりません。ハンディキャップがあるので不利なこともあるのですが、文句を言ってもいたしかたありません。もし、将来、科学者になりたいと思っているのなら、何をおいても英語を勉強しておくべきです。

そういうこともあって、大学にもグローバル化の波が押し寄せており、英語での教育が大事だと言われるようになってきています。もちろん大事です。しかし、英語で講義をすることには問題があります。残念ながら、一流大学の大学生であっても、それほど英語ができるわけではないのです。だから、英語で講義をすると、日本語に比べると、かなり簡単な、あるいは幼稚な内容しか伝えることができません。そうなってしまっては本末転倒です。このように、どの程度、教育を英語化するのかは相当にやっかいな難問なのです。

ただ、科学という世界に限定すれば、グローバル化の是非などということは問題にならないことは頭にいれておいてください。科学というのは、最初から、そして、未来永劫に渡ってグローバル。パスツールがいうように、国境など存在しないものなのです。

科学者として成功するために

二重らせんを発見したうちのひとりであるワトソンは、『サイエンス』という一流雑誌に、科学者として成功するための五箇条というのを書いています。なかなか面白いので、ひとつずつ紹介してみます。まず第一条は、バカは避けよう、です。残念ながら賢さは伝染しませんが、アホはうつることがあります。それに、人間はともすれば、安きに流れてしまいます。完全に避けきることなどは不可能ですが、できるだけアホな人を避けないと自分がダメになっていく可能性があるのです。

次は、大成功するためには、ある程度の危険をおかしなさい、ということです。誰もができるようなことをしていては、大きな成功をおさめることはできません。しかし、かといって、いつもホームランばかり狙って三振ばかりしていてはどうしようもありません。そのあたりのバランスは難しいのですが、ここぞという時には、リスクを覚悟しなければならないのです。

三つ目は、頼りになる後ろ盾を持て、ということです。先生でも先輩でも友人でもかまいません。困難に陥った時に助けてくれる人を持ちなさい、という教えです。人はひとりで生きていけるものではありませんから、当然のことですね。退屈なことはするな、というのが四つ目の教えですが、これは意外と難しい。もちろんそうしたいのは山々なのですが、好き勝手なことばかりしていたら、周りに迷惑をかけかねません。

最後は、本当のことを言ってくれる人を受け入れることができないならば、科学などやめてしまえ、という厳しい内容です。先に、日本人はディスカッションが下手だと言いましたが、たとえ批判されても、それが正しければ喜んで受け入れるというくらいの度量が必要だということです。

科学者として成功するために、ということは、言い換えると、科学者としての正しい考え方や行動の指針であるということです。どれも、言うは易く行うは難し、というところもあるのですが、なかなかいいことを教えてくれていると思いませんか？　それに、この五つは、科学者としてだけでなく、普通に生きていく上においても、けっこう重要なことにちがいないと常々肝に銘じています。

おわりに

すこし独断的な意見もはいっているかもしれませんが、科学者がどのように考えて、科学をどのように進めているか、ということが少しはわかってもらえたでしょうか。突き詰めてみると、きちんとしたデータに基づいて、単純に、合理的に、具体的に考える、ということになります。そして、いろいろな人とディスカッションしてグローバルに展開させる、ということになるでしょうか。

数学や宇宙物理など理論系の科学は理解するのが難しいのですが、生命科学で使われる理屈なんかは単純なものです。なぁんだ、と思われるかもしれませんが、論理そのものは、小学校の高学年になれば理解できる程度のものでしかありません。逆にいうと、論理があまりに複雑になってしまうと、誰にも信じてもらえない、ということなのです。

科学は疑うことによって、そして、時には破綻することによって進歩してきたということ、そして、科学者って意外と単純にしか考えていないということ、を紹介しました。最初に、はたして自分は根源的に考えているのだろうか、と書いたのですが、こうやっていろいろ考えてみると、ちょっと手前味噌になるけれど、科学者が日常的におこなっているように、あることを疑い、単純に、具体的に、そして、合理的に考えるというのは、ひょっとしたら、いちばん根源的な考え方ということになるのかもしれません。

科学というのは「真実」をあつかうのですから、その根底にある考え方が根源的なのは、あたりまえのことなのかもしれません。ここに書いたようなことが、少しでも若い皆さんに参考になれば、それほど嬉しいことはありません。

消費社会とは何か

——「お買い物」の論理を超えて

白井聡

白井聡（しらい・さとし）

1977年、東京都生まれ。一橋大学大学院社会学研究科博士後期課程単位修得退学。博士（社会学）。専門は、政治学・社会思想。日本学術振興会特別研究員、文化学園大学服装学部服装社会学科助教等を経て、京都精華大学人文学部専任教員。著書に『未完のレーニン』（講談社選書メチエ）、『日本戦後史論』（内田樹との共著、徳間書店）、『「戦後」の墓碑銘』（金曜日）、『増補新版「物質」の蜂起をめざして』（作品社）、『戦後政治を終わらせる』（NHK出版新書）など。2013年『永続敗戦論』（太田出版）で第4回いける本大賞、第35回石橋湛山賞、第12回角川財団学芸賞を受賞。

はじめに

現代社会は消費社会である、とよく言われます。では、そのとき「消費社会」とは何を指しているのでしょうか。実は、この言葉が使われる多くの場合、それが指すものは曖昧になってしまっています。

読者の多くは、しばしば買い物を楽しむでしょう。私もそうです。多くの人が買い物を楽しむほど、物があふれ、豊かになった社会が、つまりは消費社会なのでしょうか。確かに一面ではその通りですが、それだけならば取り立てて問題視するようなことはないはずです。楽しく買い物ができていい世の中だな、という話にすぎません。しかし、これから見るように、消費社会には見逃すことのできない問題が多々あります。ここでは、「問題としての消費社会」、すなわち、そこにさまざまで深刻な弊害が現れるものとしての消費社会を分析します。

消費社会の起源と仕組み

「問題としての消費社会」ということが盛んに言われ始めたのは、1960~70年代にかけてのことでした。ジャン・ボードリヤールというフランスの哲学者がいました。この人が

『消費社会の神話と構造』という本を1970年に出版し、1979年には日本語訳も出ますが、この本が話題になって「消費社会」という言葉が一挙に一般化します。

この本は、長い間「物の欠乏」に苦しんできた人類は、今や反対に、「物の過剰」に苦しんでいると主張して、衝撃をもたらしました。それはどういうことなのでしょうか。

そもそも人類の大部分は、気が遠くなるほど長い間「物の欠乏」と闘ってきました。天候不順が続けば飢え死にする人が大量に出るような時代が、本当に長い間続きました（今でもそのような状況に置かれている人々がいなくなったわけではありませんが）。もちろん、食糧だけでなく、全般的に「物が足りない」ということが人類の悩みの種であり、そのために多くの争いも起きてきたのです。

しかし、18世紀半ばのイギリスで産業革命が始まったことによって、人類の生産力は飛躍的に上昇し始めました。石炭、後には石油・ガスといった化石燃料を物つくりに大量投入することによって、また不眠不休で働いてくれる機械を用いることによって、人類は、「物が足りない」状態から急激に脱していくことになったのです。

その成果が、20世紀後半の資本主義先進国では、大変よく見えるようになってきました。飢え死にする人などはほとんどいなくなっただけでなく、上下水道などが整備されることで衛生状態も良くなり、疫病の大流行なども起きなくなりました。それだけでなく、大衆が「耐久消費財」（典型的には住宅、家電製品、自動車など）と呼ばれる品々を買うことが当たり前になり、生活は飛躍的に快適で豊かなものとなりました。また、こうした品々は、かつては贅沢品としてごく一部の金持ちの人々だけが享受することができたのに対して、多くの人々がこれらを買うことが当たり前となったのですから、社会は随分と平等になったことを意味します。こうした状態は、長い間人類が「物の欠乏」によって苦しんできたことを思えば、実に驚くべき達成であり、そのことは多くの人々にとって幸福なことだと実感されていました。

そんななかで、ボードリヤールが「物があふれているために、新しいタイプの人間疎外が起きている」と論じたので、大きな衝撃がもたらされたのです。ボードリヤールの述べたことの要点は、次のような事柄でした。物が足りないための苦痛や不幸から逃れるために人類は生産力の拡大を推し進めてきたが、それによって今度は、物を消費することに強迫的に駆り立てられる社会が出現してしまった。人類は幸福になるために物の生産をどんどん増やしてきたのに、今やそのためにかえって不幸になっているではないか、と。

こうした状態は、現代の資本主義経済の仕組みと深く結びついています。TVや新聞の経済ニュースでは、よくこういう言い回しが使われます。「個人消費が旺盛なので景気が良い」、あるいは「個人消費が低調なので景気が低迷している」。これはつまり、20世紀半ば以降の世界では、特にお金持ちというわけでもない「普通の人たち」がどれくらい消費をするのかということに、経済全体が上手く回るかどうかということが懸っている、ということを意味しています。日本の歴史で言えば、１９５４年から１９７３年の間が高度成長期と呼ばれますが、この間、耐久消費財の普及が飛躍的に進み、国民の日常生活は激変すると同時に、好景気が続きました。個人消費の伸びと好景気が上手く組み合わさっていたのです。

欲望のリミットを取り払う戦略

こうして大衆の生活はどんどん快適なものとなっていったわけですが、何事にもその裏面というものがあります。というのは、個人消費が伸び続けることが好景気の最大の要因であるならば、好景気を続けるためには、個人消費が伸び続けなければならない、ということを意味するわけですが、人の欲望には限度が本来はあるはずで、個人消費の伸びはいつか頭打ちになるはずだからです。例えば、冷蔵庫のない生活は不便ですから、それがないお家では欲しくなるでしょう。しかし、普通冷蔵庫は一家に一台あれば十分ですから、一台買えばそれが壊れるまで、そのお家は冷蔵庫を買わないでしょう。あるいは、自動車の場合でも、一つの世帯が購入する台数には限度があります。要するに、いくら商品があふれていても、必要な物が行き渡ってしまえば、「もう要らないよ」ということになるわけです。

しかし、企業の側から、さらには経済構造全体の側から見れば、これでは困るのです。人々が必要な物を手に入れた後は買い替え需要を待つだけでは、売り上げが伸びないので企業の業績は伸びず、経済全体では不景気になってしまいます。そこで考え出されたのが、人々の欲望の限度を取り払って、「もう要らないよ」という風には決して思わせない、という戦略です。

その戦略はいくつかの面を持っています。一つには、「必要な物」の品目を増やしていくことです。例えば、1950年代の日本では、洗濯機、冷蔵庫、白黒TVが「三種の神器」と呼ばれて、生活必需品となりました。それらが一通り行き渡った1960年代には、今度はカラーTV、自家用車、クーラーが「新・三種の神器」と呼ばれるようになって、必需品だと考えられるようになりました。ここからわかるのは、「必要」とか「必需」というのは、相対的だということです。生活を送るために何が絶対に必要なのか、ということに対する人々の考え方は変化するのです。例えば、現在、「車離れ」がよく語られますが、このことは、都市に住む現代日本人が自家用車を必ずしも生活必需品だとは思わなくなった、ということを意味しています。ただし、資本主義経済の論理としては、「必要な物」「必需品」がどんどん増えてくれないと困ります。ですから例えば、音楽の消費で言えば、レコードやカセットテープからCDへ、CDからMDへ、そしてオンライン配信へと、主要メディアは変化してきました。その度に、新しい機器が「必要」となるわけで、これを利用して消費は拡大してきました。

二つ目の戦略は、同じ「必要な物」を頻繁に買い替えさせるということです。例えば、自動車のモデルチェンジは、小変更が3〜4年おき、フルモデルチェンジがおおよそ8年おきと決まっています。本来モデルチェンジは、大きな技術革新が起き、それを製品に反映させて、品質を改善するために行うものです。しかし、こうした短いスパンで大きな技術革新が必ず起きるわけではありません。ですから、別にしてもしなくても大して変わらないような変更を自動車会社はやっている、ということです。性能面では意味がないのになぜ、定期的にモデルを変えるのか。それは、すでに売った物を早目に古臭く見えるようにするためです。新車で買った車がモデルチェンジされて新型が出たとなると、今乗っている車を気に入っていたのに、何となく古びて色あせてしまったような気がしてくる、という心理が働きます。そうすれば、よく考えると大して変わりはないのに、ぜひ新しいモデルが欲しい、という気持ちが湧いてくる。この戦略は、iPhoneをはじめとする携帯電話の販売戦略などでも、盛んに利用されているように思われます。

物の消費から意味の消費へ

ボードリヤールが指摘した重要な点は、右に見たような「必要な物」の変化のメカニズムが大いに機能するようになると、「人は決して満足しなくなる」ということです。本来ならば、不便な状態を解消するために物を手に入れて、「便利になって良かったなあ」となって

「メデタシ、メデタシ」となるはずだったのに、「あれも必要だ」、「もっと新しいのが欲しい」と常に思わされることになり、欲しかった物を手に入れてもちっとも満足できない、という状態が現れます。こうした状態を、ボードリヤールは「新しい疎外」と呼びました。物が足りないことによる不幸から脱出するために、物があふれる社会をつくったのに、かえってそのことによって、物を手に入れても少しも満足できない。次々と新しいものを追い求めるよう欲望が煽《あお》られることで、常に欠乏を感じるような状態がつくられてしまった。これは、新しい不幸ではないか、と。

さらにボードリヤールは、「物の消費から意味の消費へ」という指摘もしています。それはどういうことなのか。すでに見たように、不便や不快を解消するために物を手に入れたいという欲望には限度があります。それゆえ企業は、限度を突破するために、広告戦略などを通じて欲望を煽り立てるわけですが、その際には、「これが必要だから」というアピールだけでは十分ではなくなってくるので、「これがカッコいいから」ということ、言い換えれば、「あなた自身がその物を通じて満足する」ことよりも「他人から羨望の眼差しを向けられることで満足する」であろうことをアピールするようになります。こうして、人々の物に対する欲望は、「ないと困る」から「あれば便利・快適だ」を通って、「あるとカッコいい」物を求めるように変化していきます。

この変化は重大です。例えば、物を食べることを考えてみましょう。何も食べずに生きていくことは絶対にできませんから、食事は絶対に必要、「ないと困り」ます。どんなに不味い物でも栄養さえ摂れれば生きてはいけますが、多くの人はできれば美味しい物を食べたいと考えます。「美味しい」とは「快さ」の一種ですから、美味しい物は「あれば快適」です。ここまでは「物に対する欲望」であると言えますが、「メディアで話題になっているあのレストランに行きたい」となると話が変わってきます。美味しい物はいくらでもあるわけで何を食べてもよいわけですが、「あの有名なお洒落な店で食事をしたんだよ」と周囲に言いたいために食事をするならば、これは「物に対する欲望」に基づいて行動しているというよりも、周囲から「自分はこう見られたい」という欲望を動機として行動していることになります。つまりここで、欲望の向かう対象が「物そのもの」ではなく、物に付随する「意味」や「記号」に変化しているのです。

大事なのは、物を食べれば、お腹が一杯になって（＝食欲が満たされて）欲望は消滅しますが、「意味」はいくら食べてもお腹が一杯にならないということです。メディアが着目する「お洒落な食べ物」や「お洒落なお店」は、次から次へと現れてきますから、いくら頑張ってそれを追いかけても、満足することはありません。このように、物を消費する目的が物そのものから満足を得ることから、それに付随する「意味を消費する」ことへと変わったとき、どれほど消費をしてもちっとも満足できないという不幸な構造が完成するのだ、とボードリヤールは指摘しているのであり、そうした構造が確立した社会を「消費社会」と呼んでいるのです。

しかも、すでに見たように、人々の消費への欲望は景気の浮沈を握っています。みんなが「もう別に要らないよ」という状態になってしまったら、つくった物が全然売れなくなってしまい、極端な場合、経済が崩壊してしまうのです。ですから、物をどれだけ手に入れても決して満足できないような不幸な状態に人々が置かれることによって経済全体が回る仕組みのなかに、私たちは現実に置かれているということです。

消費社会の高度化

右に見た議論をボードリヤールが展開したのは、すでに45年以上も前のことです。当然のことながら、彼が指摘した消費社会の病理は、当時よりもさらに昂進《こうしん》していると考えるべきでしょう。その弊害の一つはエコロジー危機です。欲望を煽り立て、よく考えれば要りもしないものを「ぜひ欲しい」と思わせて買わせることが大事な戦略なのですから、そのような社会は、大量生産、大量消費、大量廃棄の社会となります。資源の濫費とゴミの増大が、途《と》轍《てつ》もない規模に膨らむことになります。

この問題も大変重要ですが、ここでは消費社会がもたらす人間精神の在り方の問題に焦点を合わせたいと思います。それがどれほど極端な状況になっているのかを物語る事件が数年前にありました。2012年に中国で、17歳の少年がiPhoneとiPadを買いたいがために、自分の腎臓を売ってしまった、という事件が話題になりました。このような行動がきわめて愚かであることは言うまでもありませんが、いくつものことを物語っています。

まず第一に、ここまで愚かな行動に人を駆り立てるほど、消費社会の欲望は強烈だということです。水や食糧を獲得するために命を懸けるという行動を人類は長い間してきましたが、それらがなければ人は死んでしまうのですから、ある意味それは当然のことでした。しかし、通信機器は死活的に重要なものでは明らかにない。ということは、現代の消費社会の人間は、「カッコいいと思われたい」という気持ちが、「それを持っていないと他人からダサい奴だと思われる」という強迫観念にまで高まり、「そのためならば自分の命を危険にさらしてもいい」とまで思いつめているということです。物を豊富にすることで人間は安全で快適な生活を送ることを目指してきたはずなのに、豊富になった物にとらわれることで、健康という最も基礎的な安全を自ら放棄するという凄まじい倒錯さえもが生まれているわけです。

第二に、中国のような、貧しい人も多く、「ないと困る」物が特に地方部にはまだまだ行き渡っていない国でも、一部の人口は急速に消費社会的な欲望に追い立てられているということです。それはつまり、経済のグローバル化は、世界中の人々の欲望を同じようなものにしているということです。したがって、このエピソードを聞いて「バカな奴がいるものだ」と言って済ませるわけにはいかないのです。この青年の欲望の愚かさは、私たち自身のそれと無縁のものではないはずです。

高度化した消費社会の特徴はいくつも指摘できます。右に見たように、「意味への欲望」が身体を害するというような不条理なものにまで高まるという事例もありますが、もう少し穏やかな形ではあるが、その影響は実に深刻なものである側面を挙げてみたいと思います。次のグラフ（図1・2）を見てください。

これは、第二次世界大戦後から今現在までの日本の国政選挙における投票率の推移を示したものです。最も重要な政権選択の選挙である衆議院総選挙の投票率は、昭和21年（1946年）の72・08％に始まって平成5年（1993年）まで、時によっては70％代後半、低くても60％代後半をマークしています。参議院選挙の方も、衆議院に較べると全般的に低いですが、平成元年（1989年）まで、高い時には70％代、低い時でも60％を割り込むことは少ない。ところが、現在に近づくにつれて、どちらも低くなり、平成26年（2014年）の衆議院総選挙に至っては52・66％にまで低下しています。要するに、投票率は平均的に見て、どんどん低下してきているということです。

平成の時代に入ってしばらくしてから投票率が明らかに低下してきたとき、多くの政治解説者たちがその理由を次のように説明しました。いわく、「政治的無関心が広がってきているが、それは社会全般が豊かになったので、自分たちの生活を政治の力でどうにか改善してほしいと思わなくなったのだ」、と。この説明は、一見説得力がありますが、ここ数年の経

図1　衆議院議員総選挙（大選挙区・中選挙区・小選挙区）における投票率の推移（出典：総務省）

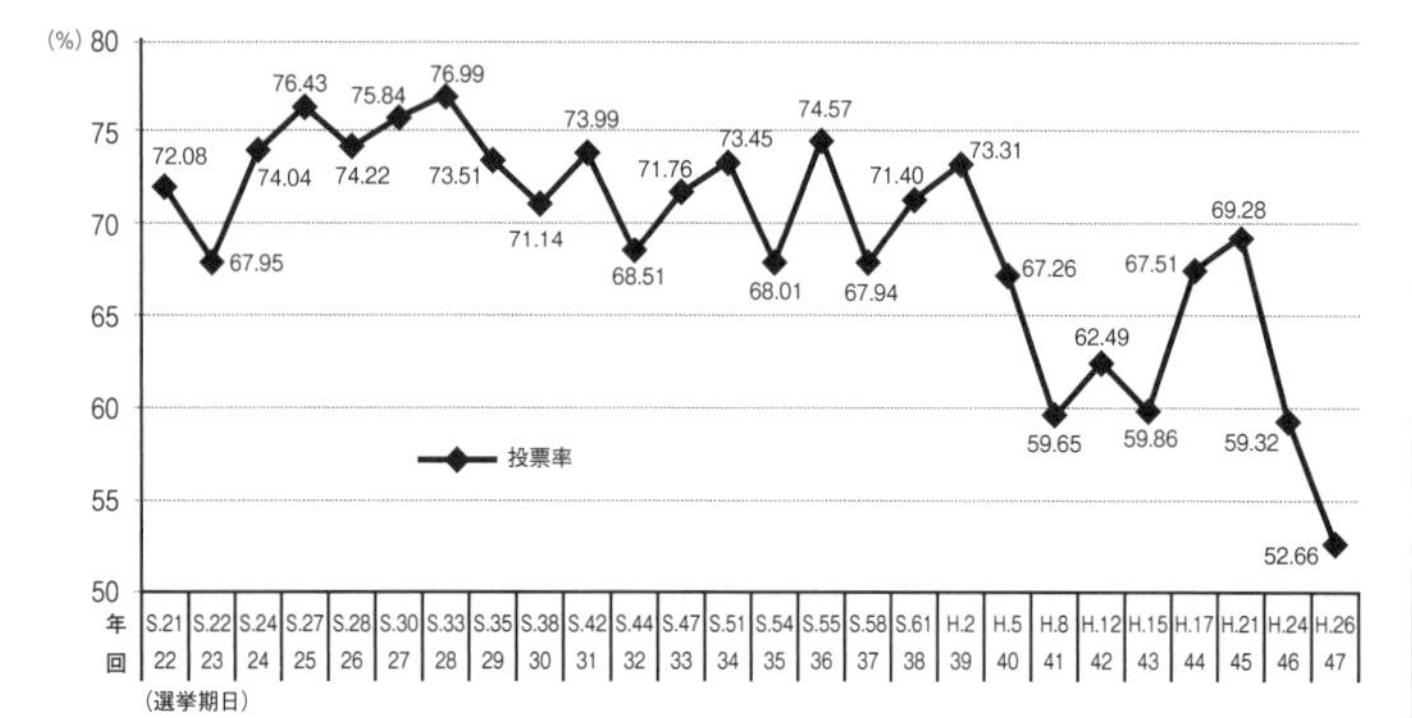

注1　昭和38年は、投票時間が2時間延長され、午後8時までであった。
注2　昭和55年及び昭和61年は衆参同日選挙であった。
注3　平成8年より、小選挙区比例代表並立制が導入された。
注4　平成12年より、投票時間が2時間延長になり、午後8時までとなった。
注5　平成17年より、期日前投票制度が導入された。

図2　参議院議員通常選挙（地方区・選挙区）における投票率の推移（出典：総務省）

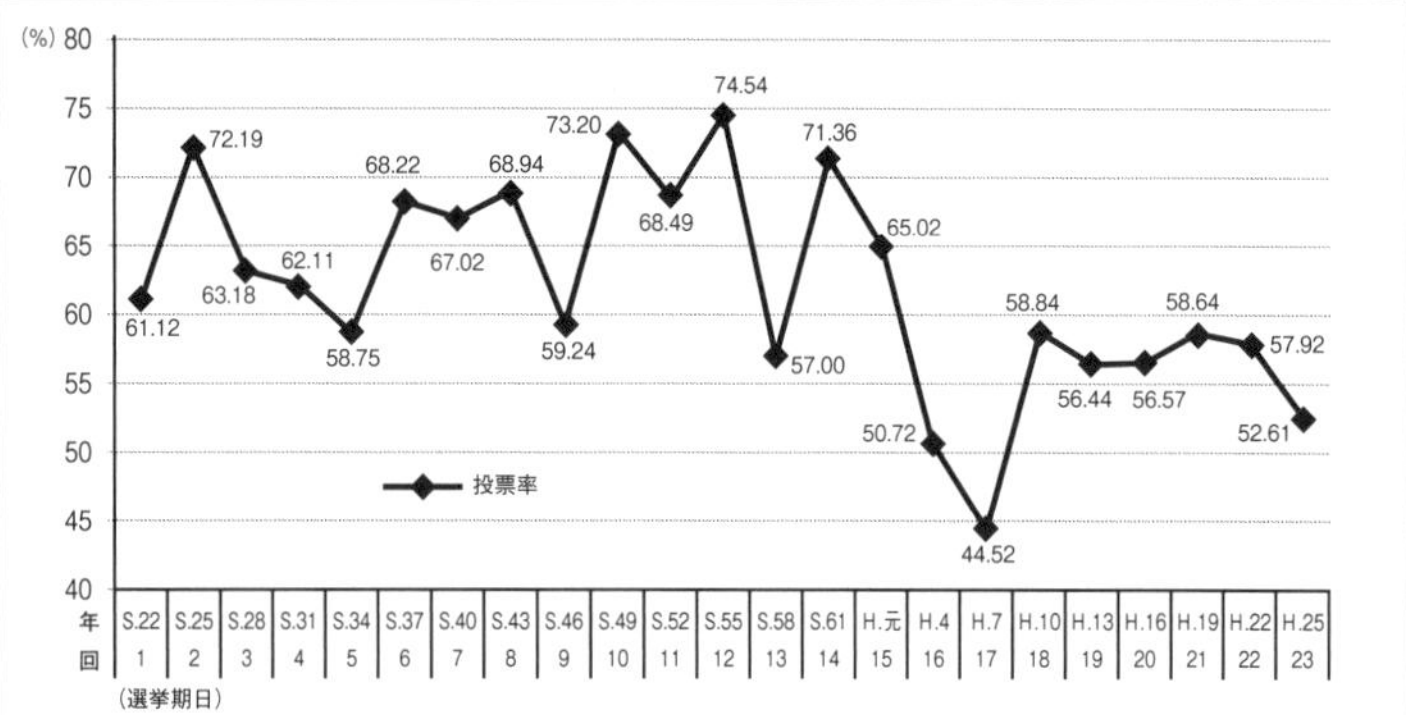

注1　昭和49年は、投票時間が1時間延長され、午後7時までであった。
注2　昭和55年及び昭和61年は衆参同日選挙であった。
注3　昭和58年より、拘束名簿式比例代表制が導入された。
注4　平成10年より、投票時間が2時間延長になり、午後8時までとなった。
注5　平成13年に、比例代表制が非拘束名簿式に変更された。
注6　平成16年より、期日前投票制度が導入された。

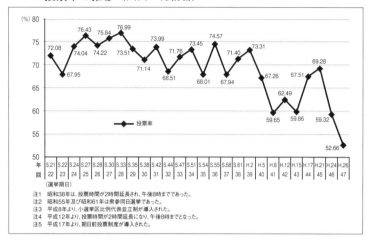

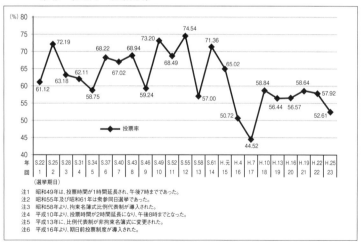

験によって的外れであることが明らかになりました。なぜなら、高度成長から経済大国化し、「一億総中流」と呼ばれる豊かで平等な社会を戦後日本は実現したと言われていましたが、およそ10年ほど前から、その繁栄にははっきりと翳《かげ》りが見え始め、格差や貧困の問題が表面化してきたからです。つまり、「生活に特に不満がないから政治に無関心になった」という説が正しければ、明らかに不満は増しているはずなので人々は再び投票所に戻って来なければおかしいのですが、現実にはそうなっていないのです。

「買い物」と「投票」の根本的な違い

この現実に対しては、次のような説明がしばしばなされます。すなわち、「世の中が厳しくなっても投票率が低下し続けるのは、政治家や政党が無力で腐敗しているので、どこに投票しようが何も変わらない、どうしようもないので投票に行かなくなったからだ」、と。この説明は、客観的事実を言い当ててはいるでしょうが、それ以上に進まないならば、意味がありません。政府や地方自治体、さらには諸々の市民団体も「選挙に行きましょう」と呼びかけるキャンペーンをしていますが、成果はあまり上がっていません。なぜなら、「行っても無駄だ」と思われているのですから、効果は限定的にとどまらざるを得ないでしょうし、これから述べるように、あたかも「投票に来てください」と言うかのように呼びかけること自体が間違っているのです。問題は、「行っても無駄だ、だから行かない」という思考回路であり、これこそが、分析され、批判され、乗り越えられなければならない、ということです。

重要なのは、「どうせ行っても何も変わらないから行かない」という行動様式は、消費社会のそれとしては正しい、ということです。投票するとはどういうことなのか。投票行動は、買い物のようなものである、ととらえることができるかもしれません。このようなとらえ方は、少なくない政治の専門家が現にしています。お店で欲しいものを探し、それがあればお金と引き換えにそれを買うのと同じように、期待する政治家を選んで、お金の代わりに一票を入れる。この見方によれば、投票所に行ったのに積極的に票を入れたくなるような候補がいないという状態は、買い物に行ったのに買いたくなる商品がお店にない、という状態と同じです。あるお店に買い物に行っても欲しいものはないとあらかじめわかっているならば、家から出ない方が合理的な行動です。同じように、期待できそうな政治家がいないのならば、わざわざ投票所に足を運ぶことは、バカげたことであり、家で寝ている人の方が賢い、ということになります。

こうしてわかることは、社会的矛盾が増大し、政治の果たすべき役割の重要さが増しているにもかかわらず投票率が下落し続けるのは、人々がある意味で合理的に行動している結果だ、ということです。しかしながら、ここで批判されねばならないのは、こうした行動に現れている「ある意味の合理性」「消費社会的合理性」にほかなりません。明らかにされねばならないのは、投票することを買い物と同じようなものだととらえていることの根底的な誤りです。

買い物と投票するという政治的行為の根本的な違いは、選択可能性ということです。お買い物に行った場合、私たちは選び放題に選ぶことができます。この店が気に入らなければ別の店へ、その店も気に入らなければまた別の店へと渡り歩き、どれも気に入らなければ何も買わないで帰る、ということも自由です。そのようにしたところで誰も文句は言わないどころか、どのお店でも店員さんは、何も買わなくても「またぜひお越しくださいませ」と実に丁寧な態度で接してくれます。なぜなら、物があふれた消費社会においては、どんなチャンスでもとらえてお客の欲望を搔《か》き立て、物を買ってもらわなければならないからです。そのためには、お客の食指が少しでも動きそうな物を取り揃えておくわけで、そのなかから私たちは選び放題だし、それらの商品に私たちは関わらないでいることも選択できる、というわけです。

これに対して、政治は全く違います。私たちの多くが選挙で棄権し、投票率が下がっても、誰かは必ず当選し、選ばれた人たちのなかから政権が成立します。その政権が愚かな政策を推進した場合、その悪影響は投票した人にもしなかった人にも及びます。政治を嫌ったり、政治に対して無関心でいることはできますが、嫌おうが放っておこうが、その影響から逃れることは誰にもできません。政治における究極の事象は戦争ですが、戦争が起きた場合、その影響は生命への損害という形にまで高まります。

ですから、「期待できる候補がいないから投票に行かない」という行動がどれほど愚かしいものなのか、すでに明らかだと思います。政治権力を委ねる相手を選ぶという行為は、買い物に出かけることとは、全く異なるものです。積極的に選びたい候補者がいようがいまいが、選ばれた権力は現実に私たちの生活に影響を及ぼします。その意味で、投票という政治的行為に、選択可能性はないのです。ぜひこの人に当選して欲しいという候補者がいない場合でも（そのようなケースは非常にしばしばあります）、私たちは「なるべくマシな」、もっと言えば「最も害の少なさそうな」候補を選出しようとするのが、当然の行為です。政治は、お買い物と違って、積極的に選びたくなるものをお膳立てしてくれたりはしないのです。

「自業自得」では済まない

私はこれまで、多くの政治学者が「ちゃんと投票に行くべき」と発言したり、「若者よ、政治にもっと関心を持とう」などと発言する様子を冷ややかに見てきました。それはなぜか。一定以上の年齢の人間に、差別なく投票権が与えられるようになったのは――そのような選挙を「普通選挙」という――、そんなに昔のことではありません。日本の場合でも、男子普通選挙が実施されたのは帝国議会が開設されてから38年後の1928年、女性に投票権が与えられたのは、第二次世界大戦での敗北を経た今から70年前のことです。このような権利が獲得されたのは、多くの人々の長い努力と莫大な犠牲が払われてのことなのです。こうした歴史を誰もが学校で習っているはずなのに、投票所に行って投票するという実に簡単な行為すらしないほど怠惰で愚かな人間が、政治権力によって犠牲になってしまうとしても、それは自業自得と言うほかありません。

「投票に行きましょう」とか「政治に関心を持とう」といった呼びかけをする人の動機が善意に基づくことを私は全く疑いませんが、これらの呼びかけの発するメッセージが「投票に来てくれませんか」、「政治に関心を持ってくれませんか」というものでしかないのならば、むしろこうした呼びかけは有害なものにすらなりかねません。なぜなら、その場合、呼びかけは「ぜひお越しください」という「お店の言葉」と変わらないからです。それでは、買い物に行くことと選挙で投票することは同じようなものだという勘違いを正すどころか、助長するものになってしまいます。

政治に関心を持ち、投票に行くことは、「そうしたければそうしたらいい」という具合に選択可能なものではありません。それは市民的義務です。先ほど、苦難に満ちた政治的権利獲得の歴史を知ろうともせず、自らの貴重な権利を行使することを自発的に回避するような愚か者が悪い政治のために酷い目に遭っても自業自得であると述べましたが、このように愚かな人間が自らの愚かさの犠牲になるだけで、事は終わらないのです。

悪い政治の影響は、愚かな行動をした人間だけに限定されて及ぶものではありません。現在の日本の政治が全般的に腐敗し堕落している一因は、消費社会的合理性（＝政治的愚かさ）に基づいて行動する人間があまりにも多くなってしまったためです。どこまでもお客様根性を貫く有権者に対しては、政治家が誠実に振る舞うことは決してありません。その必要がないからです。こうして政治の世界から緊張感が失われ、よく考えていない有権者の票と低投票率に助けられて選出された、たまたま時流に上手く乗っただけの質の悪い政治家と世襲政治家が、税金を浪費して下らないバカ騒ぎを演じる、という光景がますます目につくようになっています。つまり、あまりにも多くの人たちが市民的義務を回避するようになってしまったために、政治という社会に対して多大な影響を持つ領域が全般的に劣化してしまったのです。

あらゆる生活領域に「お買い物」の論理が

「問題としての消費社会」をめぐっては、ここに述べた政治的無関心と政治の劣化だけが論じられるべき事柄ではありません。もっと多くの深刻な問題があります。

ただし、政治的無関心を一例として見ただけでも、ボードリヤールの問題提起からだいぶ時間の経った現在において、消費社会とは何かという問いに対する一つの答えが導き出せるのではないでしょうか。それはすなわち、ボードリヤールの時代よりもより一層高度化した消費社会における問題とは、生活の全局面で人間が消費者として振る舞ってしまう、言い換えれば、人々が生活のあらゆる領域において「お買い物」の論理で物事をとらえて行動してしまう、ということです。この世の中には、お買い物の論理ではとらえられない領域、お買い物の論理を持ち込むのが不適切である領域が多数あるにもかかわらず、それを持ち込んでしまう。この行動様式にこそ、高度消費社会における愚かさの特徴があります。

こうした不適切な行動の実例を一つだけ挙げます。それは教育です。

消費社会が高度化するにしたがって、教育が商品と見なされる場合が増えてきました。学校に行って授業を受けるとはどのような行為なのか。多くのケースで授業料を収めなければなりませんから、教育サービスとは商品であると定義できるように見えます。つまり、授業料という対価を払うことによって、技能とか資格とか卒業証書といった「有用なもの」(＝商品の効用)を手に入れることができるというわけで、このように見なした場合、教育商品は他の色々な商品と何も変わらないように見えます。

しかし、そう見える一面があるにせよ、教育という行為は商品と貨幣の交換とは全く異なるのです。なぜなら、わかりやすい点から挙げれば、教育の効果(商品で言えば有用性)は、すぐには認識できません。普通の商品ならば、買って手に入れた瞬間から役に立たなければいけませんが、教育においては、「先生があのとき言っていたことの意味が、20年経ってわかってきた」などということがよくあります。もちろん、場合によっては、死ぬまでわからないということもあります。つまり、教育は、一見商品に見えたとしても、その有用性が発揮される仕方が複雑なので、商品であると無理矢理に定義してしまったら、出来損ないの商品でしかないのです。

そして、もう一つ、より本質的な点を挙げるならば、教育が徹頭徹尾商品であると見なされた瞬間に、教育は不可能になります。なぜなら、教育が商品であるならば、生徒や学生はお客様だということになるわけですが、「お客様は神様です」と考えるのが商売の鉄則であるわけで、神様に何かを教えるのは不可能だからです。

例えば、完全に消費者化した生徒・学生に共通する行動様式として、目に余る不真面目な授業態度が挙げられます。こうした現象に対しては、厳しく叱責《しっせき》すべきというのが正論だったはずですが、生徒・学生が神様だとするならば、受講者が居眠りしたくなったり私語したりしたくなったりするようなつまらない授業をやっている教師の方が一方的に悪い、ということになります。私など、悪い授業態度に対しては、相当強い言葉で注意する方ですが、そのようなやり方はリスクを伴います。叱られた学生が家に帰って、「XXという教師に乱暴な言葉で怒られ、不愉快であった」と親に訴え、それを真に受けた親が「XXという教師は、不適格だ、辞めさせろ」と学校側に要求して来たらどうなるか。もちろん、教師の側にパワーハラスメントを犯した恐れがあるならば話は別ですが、本来ならば、「あんたの子供がなってないだけだ」と言って学校側が取り合わなければよいだけのことです。しかしながら、今日多くの学校が、生徒・学生やその保護者の理不尽なクレームに対して、筋の通らない対応をするケースが増えています。確かに、お客様は神様であるなら、これを叱りつけることはできなかろうし、学資負担者に至っては最高神だということになりますから、どんな我《わ》が儘《まま》でも聞かないわけにはいかないでしょう。

そして、近年大いに問題視されている学力低下や学力崩壊といった現象は、教育が商品視されることによって教育が死ぬことの最も強力な証明です。学力低下に対しては、いわゆるゆとり教育が導入されてみたり、それではやはりダメだということになって学習内容が再び増やされるなど、政策的なブレが続いていますが、その間にも学力の低下は確実に進行している、と私は教育現場で実感しています。つまり、学ぶ内容を減らしてみたり、逆に増やしてみたり、教員の労働環境を締めつけてみたりしたところで、本質には何ら触れることができていない、無効であるということです。要するに、学校で行っていることをあれこれと弄《いじ》ってみたところでこの傾向は止められない、ということはすでに明らかなのです。

それでは家庭学習が悪いのか、と考えたくもなりますが、おそらくは自分の子供の学力について全くどうでもいいと思っている親はほとんどいないはずで、多くの親たちが、自分の子供の学業成績が出来る限り良好であることを願っているはずです。つまり、学力低下の犯人は、学校でも家庭でもない、誰でもないのでしょう。だとすれば、問題はやはり、消費社会の高度化であり、そこに生きる人間の全面的な消費者化に見定められなければなりません。最低限の支出（この場合、学習労力）によって最大限の有用性（この場合、卒業証書）を得ようという、コスパ重視の消費者としては合理的な行動原理が、止めどもない学力低下をもたらしています。したがって、「お客様」を「学ぶ主体」に戻さない限り、教育はますます荒廃するほかありません。

にもかかわらず、政治家をはじめとして社会は「世の中がおかしくなっているのは教育のせいだ、学校が悪い、教師をもっと働かせろ」と盛んに喚き散らしています。それは社会問題の教育問題への転嫁にすぎません。

文明の仕組みの再構築

なぜ、問題が直視されないのでしょうか。それは、すでに述べたように、消費社会化が資本主義経済のメカニズムの動力として、深く埋め込まれてしまっているからです。資本主義経済システムの存続のためには、高度消費社会をますます高度化させねばならず、したがってそこに生きる人間がますます消費者化してくれなければならないのです。つまりは、「お買い物客」であることが場違いである領域での活動においても、ますます人々に「お客様」

になってもらわなければならない、という強烈な圧力が働いているわけです。

このような愚昧な状況がいつまで続くのかはわかりません。あるいは、この愚昧さの泥沼のなかで人類は滅亡するのかもしれませんが、この傾向の一方で、資本主義経済の発展に限界が見え始めていることも確かです。これまで、ひたすらに欲望を煽り立て、というか欲望の捏造《ねつぞう》のようなことまで行って、つまりは、要りもしないものを買わせることで、経済発展を実現してきたわけですが、今日の世界経済の全般的な停滞は、その手法が限界を迎えつつあることを示しているようにも見えます。

とはいえ、その先に何があるのかは、不透明です。基本的に、産業革命以降の資本主義経済の発展によって豊かな生活を人類は実現してきたわけですから、この豊かさを実質的に維持しつつ、エコロジー的にも持続可能で、消費社会の人間的不幸や愚かさといった副作用を排した社会を実現しなければならないわけですが、こうした社会のお手本はまだ存在しないからです。

最後に、この本は、中高生の読者を想定しています。中年以上の日本人(もちろん例外もあります)には、今述べたような未来への展望を実現できる能力どころか、展望を描こうとする意欲もなく、その必要性を唱える主張に対して「愚論である」と決めつける傾向さえあることを、私はよく知っています。この傾向の悪影響を受けている若年層もたくさんいます。それゆえ私は、今現在の社会の主役である彼らには、何の期待もしていません。彼らは、消費社会の不幸な家畜として生き、死んでいくでしょう。

これから主役となる世代こそが、文明の仕組みの再構築というこの困難な仕事に立ち向かう運命にあるのです。そんな巡り合わせになっている諸君は不運だろうか。決してそんなことはありません。本物のやりがいは、困難な仕事にのみ存在するのです。

「国を愛する」ってなんだろう？

山崎雅弘

山崎雅弘（やまざき・まさひろ）

1967年、大阪府生まれ。戦史・紛争史研究家。軍事面だけでなく、政治や民族、文化、宗教など、様々な角度から過去の戦争や紛争に光を当て、俯瞰的に分析・概説する記事を、1999年より雑誌『歴史群像』（学研）で連載中。また、同様の手法で現代日本の政治問題を分析する原稿を、東京新聞、神奈川新聞、ポリタスなどの媒体に寄稿。著書に『中東戦争全史』『現代紛争史』『世界は「太平洋戦争」とどう向き合ったか』『戦前回帰』（以上、学研）、『日本会議　戦前回帰への情念』（集英社新書）など多数。Twitter: @mas__yamazaki

そもそも「国」とはなにか

社会でよく使われるようになった「国」という言葉

ここ数年、日本では「国」という言葉が、政治の世界やそれを取り巻く環境で、以前と比べてよく使われるようになりました。

たとえば、国に誇りを持てる教育、国を守るために必要な法律、美しい国にふさわしい憲法、国の名誉を傷つけない歴史認識、といった言葉は、新聞（ネット版も含む）やテレビのニュース番組で日常的に報じられています。

あるいは、考えの違う相手を誰かが攻撃する時に、ネットなどで気軽に使われる「売国奴《ばいこくど》」という言葉。発言者はＳＮＳのプロフィール欄に「この国を愛する普通の日本人です」と書いていたりします。

多くの場合、これらの言葉を使う人は、その中心である「国」とは何なのか、具体的には説明しません。

そんなことは、いちいち説明しなくても、もう誰もが知っているだろう、というような態度で、説明抜きに「国」という言葉を使い、政治家がなにかの政策を進めたり、それへの賛同や支持を国民に求めたり、一般市民が気に入らない相手を攻撃したりします。

そして、たいていの人は、社会的あるいは政治的な話で「国」という言葉を持ち出されると、なにか「大きな相手」が目の前にいるような気になり、「これは国のために必要なことだ」と説明されれば、なんとなく「そうかな」と思ってしまいます。

自分も一人の国民として「国」に属している以上、それが「国のために必要なこと」であるなら、黙ってその通りにするのが自分の務めだ、と考えるからです。

その一方で、過去の歴史を勉強すれば、このような「国」という言葉の使われ方を甘く見ていたがために、国民がつらい目にあったり、「国のため」という理由で死に追いやられた例を、数多く見つけることができます（いくつかの具体例を、あとで紹介します）。

じつは「国」という言葉や概念（考え方）には、使い方を誤ると、たくさんの人が死んでしまうような、危険な一面もあるのです。

政治家が使う「国」という言葉の意味を考えよう

まず気をつけなくてはならないのは、「国」という言葉には、いくつもの意味や使い方があり、ただ一つの「正しい定義」があるわけではない、ということです。

たとえば、政治家が使う「国」という言葉は、たいていの場合、次の三種類の意味で使われます。

まず、外交的に「独立国」として承認されている国家の領土【A】。

次に、その領土内に住む国民を特定の政府が統治する国家体制【B】。

そして、政府に統治される側の、一人一人の国民の命と生活環境【C】。

このほか、個人や組織が「事故や災害などで被害にあったのは役所の不手際のせいだ」と考えて裁判を起こす場合、ニュースで「国側の勝訴・敗訴」という言葉が使われることがあります。ここで言う「国」には、もちろん「訴える側の国民」は含まれません。

このように、一口に「国」と言っても、実際にはいろいろな意味があり、場合に応じてそれを使い分ける形がとられています。したがって、「国のため」や「国を守る」「国を愛する」という言葉に触れた時、そこで言う「国」とは何だろう、と疑問を抱き、変な使われ方をしていないか、常にチェックする必要があります。

平和な時代には、右に挙げた【A】【B】【C】の三つが漠然と混ざり合ったようなイメージで、「国」という言葉が使われます。しかし、戦争や自然災害のような極限状況になった時、政治家はこの三つの優先順位を決めて、それに国民を従わせようとします。

その時、国民の側が「国」という言葉の使われ方に無頓着であれば、政治家が決めた通りの意味で、「国」に従ったり、「国」のために犠牲になることを強いられます。

中には、戦争も自然災害もないのに、まるで自国が他の国から「攻撃される寸前」であるかのように危機感や恐怖をあおり、「国を守るためだから」という名目で、自国民の自由や権利を制限したり、物不足を我慢させている国も存在します。

日本もそうなるのを避けるには、戦争や災害が起こる前の「平時」のうちから、政治家の語る「国」という言葉の意味について、よく考えておかなくてはなりません。

戦争で「国」と「国民」はどちらが大事なのか

たとえば、ある国（外交的に独立国として承認されている国家）が別の国（同）と戦争になり、指導者が「この国を守るために、軍人だけでなく、一般の市民も戦争に加わって奉仕するように」と命じることは、古今東西の国々でよくありました。

しかし、近現代の戦争では、不利になって自国の軍人や市民の死者が増え続ければ「もう負けを認めて早く戦争を終わらせよう」という空気が国内に広がり、指導者はくやしい気持ちを我慢して、相手国の政府に「降伏します」と申し入れる場合が一般的です。

その一例が、今から七六年前のフランスでした。

第二次世界大戦が始まってから八か月後の一九四〇年五月、独裁者ヒトラーに率いられたドイツ軍が隣国フランスに侵攻し、短期間で大勝利をおさめることに成功しました。ドイツ軍の戦車部隊が「花の都」パリの目前に迫り、フランス政府は「戦争を続けるのか、それとも降伏するか」という決断を迫られます。「国」の存続が危機に立たされたのです。

当時のフランス首相ポール・レイノーは、これ以上抵抗を続けても軍人と市民の死傷者がさらに増え、エッフェル塔や凱旋門など、パリの美しい風景が壊されるだけで、もう勝ち目はないと判断し、ドイツ軍の攻撃開始からわずか六週間で降伏を決断しました。

この敗北により、フランスは国土の半分を失い、国家体制も「ドイツ寄りの中立」へと転換させられましたが、その代わりフランス国民の死者数はかなり少なく抑えられました。

つまり、当時のフランスは、先に挙げた「国」という言葉の三種類の意味のうち、【C】の「一人一人の国民の命と生活環境」を一番大事だと考え、【A】の「領土」と【B】の「国家体制」については、それより下だと理解していたのです。

それに対し、今から七五年前に始まった太平洋戦争（一九四一〜四五年）中の日本は、一九四〇年のフランスとは大きく違っていました。

戦争中盤の一九四三年頃から日本が劣勢になり、やがて日本の本土上空にアメリカ軍の大型爆撃機B29が大編隊で飛来して、燃えやすい日本の木造家屋に被害を与える「焼夷弾《しょういだん》」を雨のように降らせたため、大勢の市民が犠牲になりました。日本軍の支配下にある東南アジアから、石油などの資源を本土に運ぶ輸送船も次々と沈められ、日本は戦争を続ける能力が日に日に弱まっていました。

けれども、当時の日本では、自国の軍人や市民の犠牲が増え続けても「もう負けを認めて早く戦争を終わらせよう」という空気が国内に広がることはありませんでした。

なぜなら、当時の日本政府と国民が考えていたところの「国」とは、崇高な存在とされた天皇と、その天皇が統治する日本の国家体制（国体＝国のかたち）そのものだったからです。

そもそも「愛国」とはなにか

国民の命を「守るべき国」とは考えなかった時代

日本という国の存在価値は、世界で他に類を見ない天皇中心の「国体」だと（すくなくとも表向きには）信じていた当時の日本国民は、敗北を認めない日本軍指導部の方針に最後まで従い、戦争をもうやめるという天皇のラジオ演説（一九四五年八月の玉音放送）を聴くまで、いくら死者が増えても関係なく、「国」が行う戦争への協力を続けました。

一九四五年春には、沖縄にアメリカ軍が上陸し、壮絶な地上戦が繰り広げられました。しかし沖縄県民も、戦争で「守られる側」ではなく、天皇中心の「国体」を守るために犠牲になることを求められ、大勢の一般市民がさまざまな形で命を落としました。

つまり、当時の日本は一九四〇年のフランスとは異なり、【B】の「国家体制」こそが絶対的な「守るべき国」であると理解し、そこからだいぶ離れて【A】の「領土」が尊重され、【C】の「一人一人の国民の命と生活環境」は、実質的には「守るべき国」とは見なされていなかったのです。

むしろ、【B】の「国家体制（天皇）」を守るために、国民（軍人と市民を問わず）が死ぬことになっても、それは「お国のため」に貢献できたということだから、誇るべき良いことなのだ、という価値観が（すくなくとも社会の表面では）共有されていました。

自分は、そんな死に方をするのはいやだ、戦争で負けているのなら、これ以上死者が増えるのを防ぐために、降伏という道も検討した方がいい、などと言おうものなら、周囲の人間から「お前は非国民（国民ではない何か）だ！」とののしられ、国民の思想を取り締まる警察（特高警察）に捕まって取り調べや拷問を受けることもありました。

もし当時の日本政府（その頃は陸軍と海軍の高官が強い発言力を持っていたため、首相の権限は限られていました）が、守るべき「国」として、【C】の「一人一人の国民の命と生活環境」にもう少し価値を認めていたら、アメリカ軍の本土空襲が本格的に始まった一九四四年後半には、くやしい気持ちを我慢して、相手国の政府に「降伏します」と申し入れることができたかもしれません。

そして、もし一九四四年十月より前にそうしていたら、特攻という非人道的な戦法（爆弾を搭載した飛行機による敵艦への体当たり攻撃）は行われず、それ以降の国内各都市への凄まじい空襲や、広島・長崎への原爆投下も避けられたことになります。

「愛国者」を名乗る人間が、本当に「愛国的」なのか

歴史に詳しい人なら「いや、当時の状況はいろいろ難しくて、そんな簡単には降伏できなかったんだよ」と反論されるでしょう。確かに、当時の日本は同じ時期のドイツと同じく、【B】の「国家体制」保持を絶対的な優先目標にして戦争をしていたので、自国の体制転換

（レジーム・チェンジ）をなかなか受け入れられない状況にありました。

しかし、重要なことは、それでも当時の日本政府は最終的に「降伏」という決断を下したという事実です。先送りにしただけで、結局最後には「降伏」したのです。

「敵国に降伏するなど、絶対に自分は認めない」「そんなことをすれば『国の名誉』が傷つく」「降伏は『国の滅亡』を意味する」などと言って、最後の最後まで降伏に反対した日本軍人は、ひたすら【B】の「国家体制」を守ることだけを考えていました。

けれども、彼らに「守られる側」だった天皇の考えは、少なくとも一九四五年の夏頃には、そうした軍人の考えとは違っていました。

天皇は、このまま戦争を続ければ、さらに多くの日本国民が死んで、日本という国が本当に滅びてしまう、と考え、悔しさや屈辱などの「耐えがたい気持ちに耐え」て、戦争の相手国に降伏するとの決断を下しました。

この決断によって、【B】の「国家体制」、つまり明治時代から続いた大日本帝国の時代は終わり、【A】の「領土」も当時日本が自国領にしていた朝鮮や台湾、南樺太（現ロシア領サハリン）などを手放しましたが、それと引き換えに【C】の「一人一人の国民の命と生活環境」が失われ続ける日々に終止符が打たれました。

そして、新たに民主主義の「国家体制」を持つ国に生まれ変わった日本は、世界中が驚くほどの復興と発展を遂げ、平和を愛する国としての「名誉」も取り戻しました。

この戦後日本の繁栄を踏まえて考えると、戦争中に「一日も早く降伏した方がいい」と言った人間を「非国民」と呼んだ当時の日本人と、戦後の日本人では、同じ「国を守る」という言葉を口にしても、その意味がまったく違っていたことがわかります。

【C】の「一人一人の国民の命と生活環境」に重きを置く、戦後の日本人が持つ価値観で見れば、戦争中の「非国民」こそが実は「自分の国の将来を真剣に考えていた愛国者」で、彼や彼女をみんなでののしっていじめた「当時の愛国者」の方が、実は「日本という国に大きなダメージを与えることに加担した存在」だったことになります。

戦争中の日本では、国民を戦争に協力させるために盛んに「愛国」という言葉が使われましたが、後で冷静に振り返れば、それらの努力は逆に「国を破滅に導いた道」でした。

先の戦争で死んだ日本軍人は「無駄死に」だったのか

日本は、周囲を海に囲まれるという、ある意味ではラッキーな地理的条件に恵まれているため、大昔から現在まで他国の侵略を受けにくく、ほぼ単一の「国（領土）」として、長い歴史を歩んできました。

その長い歴史上、日本が独立国としての「主権（ものごとを自分たちで決める権利）」を完全に手放して外国の統治下に入ったのは、後にも先にもただ一度、太平洋戦争の敗戦（一九四五年）から講和条約（戦争終結の正式な手続き、一九五一年）までの六年間だけでした。明治維新後の時代、当時の指導者は必死に「日本が外国の支配下に入るのを防ごう」と努力して成功しましたが、昭和初期の日本の指導者は、それに失敗しました。

つまり、日本という国に歴史上最大のダメージを与えたのは、「勝ち目がない」と最初から言われていた太平洋戦争を始めた（始めざるを得ない状況に自国を追い込んだ）、当時の日本の指導者たちであり、当時の国家体制でした。その敗戦の後遺症は、今もさまざまな形で、日本の社会に残っています。

それでは、当時の政府の方針に従って、自分は「国を守るために戦っている」と信じ、あの戦争で命を落とした多くの軍人の死は「無駄」だったのでしょうか？

この疑問は、イエスかノーかで答えられるような、単純な二者択一ではありません。

ひとつ確かなことは、当時の価値観に従って、当時の指導者が「これが正しい行いだ」と指し示す通りに行動して命を落とした人々に対して、後世の平和な時代に生きる人間が軽々しく「無駄死に」や「犬死に」といった言葉を使うべきではない、ということです。

彼らは、当時の国策（政府が「国の方針」として打ち出した政策）が、結果的に自国をどんな目にあわせるのか、自分で判断できるような情報を得ておらず、指導者の言うことを忠実に守ることが「愛国者の務め」だと理解していました。

特攻隊員として戦死した軍人が残した遺書や手記の中には、体当たりのような行為を自分に強いた「国（国家体制）」に対する、疑問や憤りを記した文章もあります。しかし、それでも彼らは最終的に、それが「国」のためになると信じて、出撃していきました。

ここで先の疑問に戻りますが、もし彼らの死を「無駄だった」と言ってしまうと、彼らの短い人生そのものの価値までも、結果として否定してしまうことになります。

一方、もし彼らの死を「無駄ではなかった」と言ってしまうと、彼らの人生を肯定できる代わりに、彼らが自分の命を捧げた「戦争の大義（正当化の理由）」や、彼らに命令を下した「戦争指導者の判断」も、結果として一緒に肯定してしまうことになります。

おそらく、この二つの間にもう一つ、別の答えが存在するはずです。けれども、こうした問題については、今のところ、たいていはこの二者択一でしか議論されていません。

戦後の日本がおろそかにしてきた「愛国心」との向き合い方

突然に入れ替わる「愛国者」と「売国奴」の立場

戦争中に「国のため」と信じて、戦場で戦ったり、工場で武器を作ったりする行為は、その場面だけを切り取れば、きわめて「愛国的」だと言えます。

ところが、戦争が終わったあとになって、あれは「間違った戦争だった」とか「すべきでない戦争だった」という評価が国民の間で下されると、今度は一転して、戦争への協力は「国のためにはならなかった」という結論になります。

こうした問題は、日本の太平洋戦争だけでなく、他の国にも数多く存在します。たとえばベトナム戦争（一九六五年〜七二年）やイラク戦争（二〇〇三年〜現在）に従軍したアメリカ兵の中には、自分が「国のため」だと信じて参加し、戦場で「敵国の人間」を殺した行いは、本当に正しかったのか、自分の行為は本当に「国のため」になったのか、という悩みを抱えている人が大勢います。

彼らの中には、反戦運動に参加して自分のもらった勲章を投げ捨てたり、精神を病んで療養生活を強いられている元軍人も存在します。その一方で、自分が参加した戦争に疑問を抱いたり、大義を否定する彼らに対して「裏切り者」や「売国奴」だと、罵声を浴びせる人たちもいます。後者の人は、自分こそが「愛国者」だと理解しています。

愛国、つまり「国を愛する」とは、自国の政治指導者の言うことにまったく疑問を抱かず、ひたすら忠実にそれに従うことだ、という考え方の人は、「もしかしたら自分の国の指導者が間違った判断をすることもあるかもしれない」とは思いません。そんな疑問を抱くこと自体が「愛国的でない態度だ」と考えるからです。

こうした「疑問を抱かず忠実に従うのが愛国だ」という考え方は、政治指導者にとってはとても都合がいいので、古今東西の政治家に繰り返し利用されてきました。

自分（政治指導者）の言うことに従う人間が「愛国者」で、従わずに文句を言ったり批判するような人間は「自国を他国に売り渡す裏切り者」という意味の「売国奴」だという風に色分けすれば、わざわざ自分が手を汚さなくても、自分にとって不都合な人間を前者の「愛国者」が勝手に攻撃して、つぶしてくれるからです。

その手の政治指導者は、必ずと言っていいほど、近所にある他の国を「敵」と見なし、国民の不安や恐れ、敵意をあおるような方策をとります。そうすることによって、自分に従わない人間は「その敵国と通じた売国奴だ」と言いやすくなるからです。

けれども、政治指導者が「国」の舵取りで失敗ばかり繰り返す「無能」な人間であるなら、黙ってそれに従う「愛国者」は、逆に「国の破滅をアシストする存在」になります。そして、政治指導者の問題点を指摘したり、能力不足を理由に交替を求めたりする人間の方が、長い目で見れば本当の「愛国者」だということになります。

自国の「黒歴史」とどう向き合うか

同じような問題は、歴史教育の分野にもあります。

自分の国が過去に行った戦争について、あれは「間違った戦争だった」と学校で教えようとすると、そんなことをすれば「国の誇りを傷つける」あるいは「子供たちが自分の国に誇りを持てなくなる」という理由で、反対する人がいます。

そういう主張をする人は、自国がもう忘れてしまいたい過去の失敗、つまり「黒歴史」を学校で教えず、逆に「自国が自慢したいこと」だけを子供に教えれば、子供は自分の国に誇りや愛着を持つはずだ、という風に考えています。

一見すると、こうした考えはとてもシンプルで、うまくいきそうな感じもします。けれども、少し考えればわかることですが、子供たちは「ばか」ではありません。子供はえてして、大人がつく「うそ」に敏感です。

そして、今は世界中の人と接する機会が増えているので、日本国内でしか通用しないような、日本にとって都合のいい話だけを集めた「ガラパゴス的」な歴史知識しか持っていなければ、いろんな国から来た人たちと会話する時に、恥をかくだけです。

自国にとって「自慢したい歴史」だけを子供に教え、「失敗した歴史」を教えないことの問題点は、ほかにもあります。自分の国が過去にどんな失敗をして、その原因は何だったのか、どうすればそれを防げたのかという知識や、失敗を謙虚に反省する気持ちがなければ、昔と同じような社会状況がまた日本で生じてきた時、前回のように失敗しないために自分は何をすべきなのか、という判断を下せなくなってしまいます。

過去に失敗した歴史を忘れようとして、国民がみんなで「うちの国はこんなにスゴイ」「料理も伝統文化も他の国よりすばらしいものばかり」「こういう長所や美点を持っているのは、世界の中でうちの国だけ」「あそこの国はうちの国に比べれば全然ダメだよな」などと言い合う行為は、見た目にはたしかに「愛国っぽい感じ」です。

しかし、そんな光景を第三者の醒めた目で見れば、おそらく「思い上がり」「自意識過剰」

「夜郎自大」「傲慢」といった、よくない言葉で表現されるでしょう。

過去の失敗を忘れれば、また同じ失敗を繰り返す。これは、一人一人の人間でも、組織や集団でも同じです。そうした失敗を繰り返さないために、人は歴史を学びます。そしてもし将来、日本が先の戦争と同じようなことを繰り返してしまうなら、先の戦争で亡くなった犠牲者の死を「われわれは無駄にしてしまった」ことになります。

つまり、先の戦争で失われた軍人や市民の命が「無駄か、そうでないか」は、現在と将来を生きる世代のとる行動によって決まるのです。

今の日本に必要な「愛国心」とはなにか

戦後の日本では、先の戦争を「間違った戦争だった」と位置づけ、学校でもそう教えてきましたが、それと同時に、「愛国心」という考え方を、学校教育から排除しました。

戦前戦中の「愛国」教育が、あの「間違った戦争」を引き起こした以上、また同じような失敗をしないためには、「愛国心」も否定するのがいいだろうと思ったからです。

この判断は、戦争の苦しさ、みにくさ、みじめさ、冷酷さなどを身をもって知っている日本人が多かった時代には、特に問題なく受け入れられてきました。けれども、そうした世代が少数派になった時、当時の人たちが見落としていた問題が表れてきました。

それは、自分と「国」とのつながりに心の拠り所を求める日本人が増えても、そんな気持ちを現代の価値観に合う形で満たすことのできる、新しいバージョンの「愛国心」がどこにも見当たらない、という問題です。

戦争に負けたあとも「国」という形態で日本が存続する以上、本当なら国家体制が転換したのと同時に、民主主義の価値観にぴったり合うような、新バージョンの「愛国心」を作らなくてはならないはずでした。ところが、先に述べたような理由で、「愛国心」という考え方を「危険物」のように扱って丸ごと捨ててしまったため、それが本来あるべき場所が長い間空白となっていました。

そして、自分は日本人だから日本という国に愛着を持ちたい、という人が「愛国心」という考え方を求めた時、戦前戦中の古いバージョンの「愛国心」しか見当たらないため、若者を含む多くの人々が、「守るべき国」とは「天皇中心の国家体制である」という古いバージョンの「愛国心」を手に取ってしまう現象が起きています。

こうした問題は、「愛国心」という考え方には一種類しかないかのような、戦前戦中への反省につながる思い込みによって生まれたと言えます。

けれども、たとえば西ヨーロッパの民主主義国には、「国家体制」よりも「一人一人の国民の命と生活環境」に重きを置く、戦後の日本人の価値観に近い「愛国心」を持つ国民がたくさん存在しています。彼らは、国民である兵士の命を粗末にする、特攻のような方法で「国を守る」のは、どう見てもおかしいと考えます。

おれは「愛国者」で、おれの言うことに逆らうおまえは「愛国者」ではない。こんなふうに、自分の価値観を振りかざして一方的に「愛国か、そうでないか」を決めつける人が、最近日本では増えています。そういう人がいたら、あなたの「愛国心」は戦前戦中の古いバージョンですか、それとも戦後の民主主義の価値観に合う新バージョンの「愛国心」ですか、と問うてみるといいでしょう。

そして、戦後の民主主義の価値観に合う新バージョンの「愛国心」とはどんなものなのか、今からでも遅くはありませんので、みんなで考えてみましょう。

「中年の危機」にある国で生き延びるために

想田和弘

想田和弘（そうだ・かずひろ）

1970年、栃木県生まれ。映画作家。東京大学文学部宗教学・宗教史学科卒。スクール・オブ・ビジュアルアーツ映画学科卒。映画作品に『選挙』（07年、ベオグラード国際ドキュメンタリー映画祭でグランプリ受賞など）、『精神』（08年、釜山国際映画祭で最優秀ドキュメンタリー賞など）、『Peace』（2010年、香港国際映画祭で最優秀ドキュメンタリー賞など）、『演劇1』『演劇2』（2012年、ナント三大陸映画祭で「若い審査員賞」受賞）、『選挙2』（2013年）、『牡蠣工場』（2015年、ロカルノ国際映画祭正式招待）がある。著書に『なぜ僕はドキュメンタリーを撮るのか』（講談社現代新書）、『日本人は民主主義を捨てたがっているのか？』（岩波書店）、『熱狂なきファシズム』（河出書房新社）、『カメラを持て、町へ出よう』（集英社インターナショナル）、『観察する男』（ミシマ社）などがある。

日本は「中年の危機にある」

この本の編者である内田樹先生から、原稿の依頼を受けました。

先生の「依頼文」というより「檄文《げきぶん》」にも似た文章を要約すると、次のようになります。

今の日本は政治・経済・メディア・学術・教育……どの領域を見ても、「破綻寸前」にあり、私たちは、自分が生きているうちに「そんなこと」に遭遇するとは想像していなかったような歴史的転換期にいる。そのため、「今何が起きているのか、なぜそのようなことが起きたのか、これからどう事態は推移するのか」について、若い世代に向けて伝えることが私たちの責任である。ぜひ、「転換期を若い人が生き延びるための知恵と技術」について書いてほしい……。

うーむ。なかなかの難題です。

しかししばらく考えているうちに、先生の問いに対して僕の頭の中には、ある「答え」が浮かんできました。半ば直観的に。

それは、次のようなものです。

日本は「ミッドライフ・クライシス（中年の危機）」にあるのに、人々はそのことを正面から認め、受け止めることができない。だからこそ、政治、経済、メディア、学術、教育などの分野で、「破綻寸前」の危機にあるのではないか。であるならば、転換期を生き延びる知恵とは、まずは自分たちの国と社会が「中年の危機」にあることを認めることから、生まれてくるのではないか……。

いきなり大胆な結論にたどり着いてしまいました。

でも、なぜこんな結論が頭に浮かんできたのか、実は僕自身もよく整理できていません。そこで、どうしてこうした結論が出てきたのか、そしてこの結論ははたして妥当なのかどうか、この原稿を書くことで、みなさんと一緒に考えてみたいと思います。

体力の衰えに気づき始めるとき

まず、「中年の危機」という言葉について。

「中年」とは、一般に40代から50代くらいの年齢の人を指します。中高生のみなさんが親しんだ言葉でいえば、「おじさん」とか「おばさん」という感じの人たちです。「お兄さん」「お姉さん」よりは年が上だけど、「おじいさん」「おばあさん」よりは若い。みなさんのお父さんやお母さんくらいの年齢、と考えればいいでしょうか。

中年になると、身体の機能が衰えます。お父さんやお母さんが、よくぼやいたりしませんか。「階段を上ると息が切れるようになった」とか、「若い頃は徹夜しても元気だったのに」とか。

これ、本人にとっては、かなり寂しいものなんですよ。

だって、もっと若い頃は年をとるたびに背は伸びるし、体力もついていくでしょう。年々、身体は大きくなるし、できることも増えていきます。力も強くなっていきます。「未来は明るい」っていう感じです。みなさんの年齢だと、きっとそうですよね。

でも、こういう「右肩上がり」の状態は、案外早くに終わります。20歳くらいには、もう終わる。そして「老い」や「衰え」が始まります。「右肩下がり」です。

もちろん、20歳の頃には、みんなそんな変化には気づきません。衰えは少しずつやってくるし、第一まだまだ気力も体力も充実していて、元気いっぱいだからです。僕自身も20歳の頃は、自分が老いていくなんて想像もできませんでした。

しかし、30代になってくると、だんだんと自分の体力の衰えに気づき始めます。あまり早く走れなくなるし、持久力も落ちてくる。徹夜をすると、その後何日も後を引くようになる。記憶力も落ちてくる。もちろん衰えのスピードは、普段から「健康的な生活を心がけているかどうか」などに大きく左右されるので、個人差もあるんですけどね。

だけど40代になると、誰でもどうしても認めざるをえなくなるほど、体力は目に見えて落ちてきます。下手をすると、40代半ばくらいで老眼も始まりますしね。

僕はいま45歳ですが、すでに近くの文字が見えにくくなっています。といっても、自分がそのことを認めるまでには、ずいぶんと時間がかかりました。

最初は、近くのものを見ようとすると、なんだかめまいがするのです。目が必死でピントを合わせようとするのに、永遠に合わないからでしょう。

でも、「まさか自分が老眼になるはずがない」というメンタルブロックが働くせいか、そういう現象が起きても老眼のせいだとは疑いもしませんでした。だって老眼なんて、「お年寄りしかならない」っていう印象があるじゃないですか。

しかし、周りの友達が次々に「オレ最近、老眼が始まったんだよね」などと言うのを聞くうちに、「あれ？　オレのもそうかも？」と思うようになり、ようやく自分でも認めることができたのです。

老いを受け入れるのはむずかしい

なんだかわびしい話になってしまいましたが、僕が言いたかったのは、こういうことです。人間にとって「老い」はなかなか受け入れがたいのです。誰でも永遠に若々しく元気でありたいし、死にたくない。「これからも自分は成長し続ける」といつまでも信じ続け、「これからは下り坂だ」「自分はやがて死ぬ」などとは思いたくないんですね。

しかし、現実は厳しい。人間は誰でも確実に老いていく。だから焦る。もがく。なんとか若さを保とうと、一生懸命、無駄な努力をする。だからこそ、美容整形外科やスポーツジムなどが、大繁盛するわけですね。

まあ、「無駄な」と言うのは言い過ぎかもしれません。美容整形外科やスポーツジムに行くことには、いいこともたくさんあります。でも、いくら努力をしても老いを完全に止めることは不可能なのです。

中高生のみなさんだって、そうですよ。自分がおじいさん、おばあさんになった姿なんて今は想像できないでしょうけど、早死にしなければ、みなさんも確実におじいさん、おばあさんになっていきます。でも、それって多くの人は受け入れたくないのです。

さあ、そこで「ミッドライフ・クライシス（中年の危機）」という言葉に戻ります。

「中年の危機」とは、心理学の用語です。

人間は中年になると、自分の老いに気づかされます。でも、それを受け入れたくない。だから様々な悪あがきをします。しかし現実には老いをとめることはできないので、無力感や焦燥感、絶望感にさいなまれることになります。同時に、それまでの人生を振り返り、「私の生き方、失敗だったんじゃないか」などと後悔したりもします。心のピンチです。

これが「中年の危機」です。

実際には、身体が老いていても仕事や人間関係がうまくいっていて、その人の年齢なりの社会的地位や収入も得られたりすれば、「中年の危機」には陥りにくいようです。だから、もう少し複雑なんですけどね。

いずれにせよ、日本では聞き慣れない言葉かもしれませんが、僕が住むアメリカでは、中年のおじさんやおばさんが人生の問題で悩んでいると「それ、ミッドライフ・クライシスじゃない?」などと指摘する光景をよく見かけます。

よくある現象なのです。

国にも成長に応じた年齢区分がある

さて、僕は本稿の冒頭で、次のように書きました。

日本は「ミッドライフ・クライシス」にあるのに、そのことを正面から認め、受け止めることができない。だからこそ、政治、経済、メディア、学術、教育などの分野で、「破綻寸前」の危機にあるのではないか……。

つまりこういうことです。

人生に青年期や中年期、老年期があるように、国にも似たような年齢区分があるのではないか。僕はそう、考えています。

そしてそういう目で眺めてみると、日本はどうみても青年期ではなく、すでに中年期にある。いや、見方によれば中年期さえすぎていて、老年期にさしかかっている。なのにその現実を認めることができず、焦り、まだまだ青年期なんだぞと思い込むために無駄な努力をしている。しかし、実際には中年期なので、努力をしても報われず、ますますドツボにはまっていく……。

そんな風に見えるのです。

もう少し具体的に歴史を眺めてみましょう。

今の日本、つまり現在の政治や社会の仕組みが「おぎゃあ！」と産声をあげ、「幼年期」が始まったのはいつでしょうか。これにはいろんな議論がありえますが、とりあえず「1945年、第二次世界大戦で負けた時」と仮定してみましょう。

日本が先の戦争でアメリカやイギリス、中国などの大国を相手に無謀な戦争を仕掛け、最後には二つの原爆を落とされてこてんぱんにやっつけられて、国中を焼け野原にしてしまったことは、みなさんも歴史の時間で習いましたよね？

僕の考えでは、あの時、日本（当時は大日本帝国と呼ばれていました）は、一度死んだのだと思います。というか、死んだと考えると整理がしやすい。

そして死んだ後に生まれたのが、「新しい日本」です。

「死んだ日本」は、天皇や軍隊を中心にした軍事国家であり、全体主義の国でした。しかし、アメリカなどの戦勝国が「新しい日本」に望んだのは、それとは真逆。平和的で民主的なデモクラシー（民主主義）の国です。

「高度成長期」は「青年期」だった

デモクラシーとは、国や社会のことは天皇や軍部などの「偉い人」が決めるのではなく、一般の民衆みんなで決めようという考え方です。その根底には、民衆一人一人が平等であり、個人の違いは尊重され、大切にされなければならないという思想があります。

「デモクラシー」を合言葉に出直した日本は、急激な発展を遂げました。特に経済的な発展には、目をみはるものがありました。

焼け野原だった国土には道路や水道、鉄道などが整備され、家やビルが次々に建てられていきます。学校や病院が建てられ、新しい企業もどんどん育っていきます。自動車や電化製品などの分野で技術革新が進み、製品を大量に海外へ輸出する巨大企業も現れました。

一方で、急激に成長していく社会に十分な電力を供給するため、巨大なダムを作ったり、原子力発電所を作ったりします。人口がどんどん増えていき、土地が不足していくので、森を切り開き、沿岸部を埋め立てていきます。

なにしろ、焼け野原からの出発ですから、無い物だらけです。無い物を作り出して供給するために、様々な産業が育ちます。そして物を作れば作るほど売れるので、会社にはお金も入ります。会社はそのお金を、さらに物を作るための設備に投資します。そうやって工場や企業はどんどん大きくなっていきます。若いみなさんの身体の骨や肉がどんどん栄養を吸収して、成長していくのと似ていますね。

人々の給料は年々上がっていき、生活水準も劇的に豊かになっていきます。テレビ・洗濯機・冷蔵庫は「三種の神器」と呼ばれ、みんなが欲しがり、したがって急速に普及していきました。

日本では、このような「高度経済成長期」と呼ばれる時期が、1955年から1973年まで、約18年間続きました。人生で言えば、まさに「青年期」です。「明るい未来」や「これからも成長し続ける自分」しか見えない。自分たちにも「中年期」や「老年期」がやってくるとは、想像もできないような時期です。

しかし、永遠に青年期が続くはずもありません。

1973年のオイルショックと呼ばれる世界的な事件をきっかけに、日本の経済成長には陰りが見え始めます。ここから1991年くらいまで、「安定成長期」と呼ばれる時期に入ります。人間の人生でいうと、20代くらいの感じですかね。表面的には成長のスピードが緩やかになったようにみえるわけですが、実はその背後で、老化現象が緩やかに進行していくのです。

バブルが崩壊し低成長期に

そんな中、老化がいちどきに表面化してみんなを大いに焦らせたのは、1991年のバブル崩壊です。

高騰していた株や土地の値段が一気に下落し、企業の業績が悪化したり倒産したりして、銀行にお金を返せなくなりました。貸していたお金を返してもらえなくなった銀行は困り果て、絶対に潰れないと思われていた大手銀行までがバタバタと破綻していったのです。だから生き残った銀行も企業にお金を貸すことに慎重になり、お金が世の中をスムーズに循環しなくなっていきます。悪循環です。

バブルとは、読んで字のごとく「泡」のことです。要は経済が泡のようにぶくぶく膨らんでいて、みんな浮かれていたんだけれども、その泡が一気にはじけて、ちょっとだけ我に返った。人間に例えて言えば、今まで軽々と持ち上げていたはずのスーツケースをえいっと持ち上げたら、ぎっくり腰になって立てなくなり、「あれ？　そんなはずでは」と軽いショックを受けた感じです。でも、それが本格的な「老い」の兆候だとは、みんなすぐには認識できませんでした。

僕はこのバブル末期と崩壊の頃は大学生でしたので、その当時の雰囲気をよく覚えています。「バブル崩壊」のニュースは新聞やテレビを賑わせていて、それなりに問題にはなっていましたが、みんなあんまり悲観もせず、正直、ピンときてなかったと思います。ちょっと大きい不況がやってきたけれども、またすぐに回復するだろうという感覚。ぎっくり腰にはなったけれど、またすぐに立って動き回れるようになるだろうと、あまり気にしてもいなかった感じです。

ところが、現実はもっと厳しかった。

日本はこのころから、「失われた20年」と言われる低成長期に入ります。簡単にいうと、物が以前のようには売れなくなる。したがってお金儲《もう》けや経済の成長も、以前よりは難しくなるのです。

考えてみれば、当たり前ですよね。

先ほど述べたように、高度経済成長期にはテレビ・洗濯機・冷蔵庫が「三種の神器」と呼ばれ、みんなが競って買おうとしました。1950年代後半のことです。逆に言うと、それまで一般の家庭にテレビや洗濯機、冷蔵庫はなかったのです。なかったからこそ、みんな買おうとしたのです。

でも、バブルがはじけた1990年代初頭はどうだったでしょうか。テレビや洗濯機、冷蔵庫は、だいたいの家庭がすでに購入して、所有していたと思います。自家用車やクーラーなども、すでに普及していました。どの家庭でも、生活に必要な物はだいたい揃っていたのです。

そういう状況の中、1950年代のようにどんどん物を買おうとは思わないでしょう。だから当然、物は以前のようには売れなくなる。

みんなが使う公共的なインフラも同様です。道路や鉄道、学校、病院、発電所なども、高度成長期の時代にだいたいできあがり、新たにどんどん作る余地も必要もなくなっていました。だから建設業者にしても、以前ほどの注文は来なくなる。

したがってお金儲けや経済の成長が、以前よりは難しくなっていったのは、当たり前なのです。つまりバブルがはじけたころ、日本の経済は「成長期」ないし「青年期」を過ぎ、すでに「成熟」していたのですね。僕に言わせれば「中年期」に入っていたのです。

GDPでも追い抜かれて

でも、自分が歳をとったことを自覚したくないニッポンおじさんは、バブル崩壊後も、以前と同じように活発に動き回ろうとします。しかし前のようには素早く動けないし、無理して動くと、ぐったりと疲れてしまいます。そのため、だんだん焦ってくるのです。

「あれー、おかしいなあ。なんでだろう?」

そのうちに、お隣の中国君やインド君の経済が成長期に入ります。彼らは、かつてのニッポンおじさんのように、ものすごい勢いで成長し、力をつけていきます。そのため、ニッポンおじさんの焦りはどんどん増していきます。そして最近、中国君には、ついに身体の大きさ（ＧＤＰ）で追い抜かれてしまったのです。

それまで世界中から「ソニー、トヨタの国ニッポンはすごいねえ、君の成長ぶりは奇跡的だよ」と褒めそやされ、世界第2位の身体の大きさ（ＧＤＰ）を誇っていたニッポンおじさんにしてみれば、小さなガキだと思っていた中国君に追い抜かれるのは面白くありません。なんとか遅れを取り戻そうと、無茶苦茶に頑張ります。でも、結果は出ません。だから深刻な顔をして悩んでいます。

そういう状況が、ここ20年くらい続いているのです。

でも、そういう焦りや悩みがなんだか馬鹿馬鹿しいことは、みなさんにはもうお分かりですね。

それは例えるなら、40代半ばのニッポンおじさんが、20代半ばの中国君と短距離競走してボロ負けして、「いったい俺はどうしたのだろう？」と真剣に悩んでいるような図です。まさに「中年の危機」ですね。

でも、ニッポンおじさんは歳をとったので、中国君に短距離競走でかなわないのは当たり前なんですよ。そのことに気づきさえすれば、気持ちの上でもっと楽になって、おじさんなりの渋い生き方ができるでしょうに。

詐欺師にも簡単に騙されてしまう

ところが、日本で暮らす大多数の人々は、まだそのことに気づいていません。だから近頃の日本人は、本来抱く必要もない、妙な劣等感やら焦燥感を抱いているのでしょう。そしてその裏返しとして、「日本って凄い国だ!」「クールジャパン、すげええ!」という空威張《からいば》りをしています。最近、そういうテレビ番組、変に多くないですか。たまにテレビをつけると、そういう番組やメッセージが溢れているのでびっくりしてしまいます。

空威張りだけなら、まだ可愛いものですけどね。中には「日本人じゃない奴は出て行け!」などと外国籍の人々に八つ当たりをしたり、「大東亜戦争は侵略戦争じゃなかった!」などと歴史を都合よく書き換えようとする人たちも現れ始めました。

それだけではありません。

多くの日本人は、相変わらず「青年期の日本」に戻る夢を捨て切れていません。だから簡単に騙されてしまうのです、詐欺師のような人に。「成長期をもう一度!」「あなたもこれで若返ります!」などという安易なキャッチコピーに。

みなさんは「アベノミクス」という言葉を聞いたこと、ありますよね?

2012年に政権に返り咲いた安倍晋三首相が、派手に宣伝して打ち出した経済政策の名前です。あれが、そういう詐欺的なキャッチコピーの典型なのです。

アベノミクス「3本の矢」

＊ 首相官邸ホームページより
http://www.kantei.go.jp/jp/headline/seichosenryaku/sanbonnoya.html

首相官邸のホームページの説明によると、アベノミクスではまずは「大胆な金融政策」を実行して、次に「機動的な財政政策」や「民間投資を喚起する成長戦略」を行うことで、「持続的な経済成長（富の拡大）」を実現すると謳っています（図）。その挿絵が象徴的ですね。若き日のスーパーマン。まさに「青年期」のイメージです。

筋肉増強剤を注射するようなもの

でも、これ、自己像があまりに若すぎませんか。これまで見てきたように、本当はこのスーパーマンは、40代半ばか50代くらいじゃないとおかしいのです。中年のおじさんが若ぶってこんな派手なアクションをしたら、またぎっくり腰になるんじゃないかと心配になります。

実際、安倍首相が「大胆な金融政策」として行った政策は、本当の意味で日本社会を若返らせるような政策ではなく、いわば「筋肉増強剤」を注射するようなたぐいのものでした。要は、「いまの日本に元気がないのはお金が足りないからだ」という理屈で、お金を大量に刷ったのです。

お金をたくさん刷れば、日本も若返り、再び筋肉モリモリに。

なんだか、怪しげな健康法の誇大広告と同じ匂いがしませんか。

しかし、「若返りたい」「若い頃の元気を取り戻したい」と願う多くの日本人の心には、この誇大広告が響いてしまいました。

実際、安倍さんがお金を大量に刷り始めたら、株価が急に上がったんですね。また、それまで円高だったのが、円安に転じた。日本の輸出企業には、都合がよいとされている変化です。一時的に筋肉増強剤が効いたわけです。

それでみんな、抱いてはいけない期待を抱いてしまった。「ってことは、日本もまた若返るわけ?」と。

特に、2011年に東日本大震災が起き、福島第一原発事故で大きな痛手を被った後だったので、みんな藁《わら》をもすがる気持ちになってしまったのでしょうか。

だけど、そのように現実を直視しようとしないことの弊害は、極めて大きいです。なぜなら、その悪影響は経済の問題に限られるわけではないから。政治・メディア・学術・教育など多くの分野で、ボタンのかけちがいが起きてしまうものだから。

デモクラシーに対する苛立ち

中でも、政治の世界での「ボタンのかけちがい」は極めて深刻です。

日本が戦後、デモクラシーの国を目指すようになったということは、すでに述べました。実際、日本は不完全ながらもデモクラシーの政治体制を採用し、これまで一応は「民主国家」として国を運営してきました。国や社会のことは「偉い人」が決めるのではなく、一般の民衆みんなで決めようという方法です。

でも、国が中年期に入ったことを直視せず、変に焦っている状態だと、この「みんなで決める」というやり方がまどろっこしく思えてくるんですね。

なにしろ、「みんなで決める」には、時間がかかります。何か方針を打ち出しても、必ず反対意見も出るからです。

デモクラシーの特徴は、反対意見が出た時に、その人の立場や意見も考慮しながら、妥協しながら、粘り強く、より良い結論を出そうとすることです。民衆一人一人のことを大事にするのが、デモクラシーの基本理念だからです。

でも、焦っていると「そんなこと、やってらんない」となる。

数年前に、日本のマスコミで「決められない政治」という言葉が流行ったでしょう。あれは実は、「デモクラシーには時間がかかる」という、民主政治の当然の性質に対する苛立ちを表す言葉なんですね。

さて、デモクラシーの時間のかかる決め方を「やってらんない」とするなら、じゃあ、どうするか。「偉い人」や「声の大きい人」や「自信たっぷりに見える人」になんでも決めてもらうのが、一番手っ取り早い方法でしょう。要は「独裁」です。

実際、日本人の多くはいま、デモクラシーではなく、独裁を求めているようにみえます。無意識に。

例えば、安倍さんは首相になってから、NHKの「偉い人」を自分のお友達に交代させて、NHKが自分や日本政府を批判できないように抑えつけてしまいました。だから最近のNHKを見ていても、安倍さんや日本政府にとって都合の悪いことは、ほとんど報道されません。「反対意見」が取り上げられないので、安倍さんはやりたい放題ですね。でも、主権者の多くは黙認。

安倍さんが秘密保護法やTPP、安保法について決めていく方法も独裁的でした。反対意見が強くても、何万人もが反対デモに参加しても、強引に押し切る。憲法違反だと指摘されても、気にしない。

だから安倍さんはスピーディーですよね。首相になってたった3年の間に、危険な法案を大量に成立させてしまった。決まるのが早い。効率がいい。でも、それはデモクラシーとは真逆のやり方なのです。

ところが、そういう独裁的な決め方をしても、安倍さんの支持率は高いままです。国政選挙をやれば、勝ち続ける。日本の大人たちは、彼の独裁的手法を黙認しているとしか思えないのです。

このままいくと、日本のデモクラシーは、後戻りできないほど破壊されてしまうのではないでしょうか。したがって、一人一人のことが大切にされなくなってしまうのではないでしょうか。本当にそれでいいんですかね。

あるいは、日本を再び青年期に戻そうと、筋肉増強剤を注射したり無理な筋トレをするうちに、身体に負担がかかってかえって老化が進み、死期を早めてしまうかもしれません。突然死することだってありえますよ。

パイをみんなで分け合うことを考える

繰り返し述べてきたように、僕はこうした問題の根っ子に、「中年の危機」があるとみています。自分が老いてきていることを自覚していないし、認めたくない。だから、以前はできたことができなくなっていることに焦り、ドツボにはまっている。日本の国自体が、そのような状況に陥っているようにみえます。

であるならば、そのドツボから抜け出すためには、いったいどうしたらいいのでしょうか？

その第一歩は、自分たちの国が「中年の危機」にあることを正面から認めることでしょう。実はそれだけで、問題の半分以上は解決したも同然です。

なぜなら、国が老いていくこと自体は、ヨーロッパの先進国などもすでに経験していることであり、そこまで悲観すべきことでもないからです。むしろ北欧の国々のように、年季を重ねていることで、青年期の国にはとても出せないような、渋い知恵や味だって出せるはずです。

つまり、日本という国が老化しつつあるという現実を、食い止めようとするのではなく、受け入れるのです。そして、無理なアンチ・エイジングに躍起になるのではなく、「いかに老化と付き合いつつ、ベテランの味を出していくか」ということに課題と関心をシフトさせるのです。

たぶん、そう決めるだけでもずいぶんと気が楽になります。気が楽になれば、妙案も生まれやすいでしょう。ひとつひとつの課題にも、焦ることなくじっくりと取り組むことができますよね。

では、「国の老化」とうまく付き合い成熟していくためには、どうしたらよいのでしょうか。

まず、大きく経済成長することは諦め、経済の成熟を目指します。つまり経済の規模を無理やり大きくすることよりも、中身の充実度を高めていくことに集中するのです。

そのために、活動のスピードをスローダウンしていきます。老いていくのだから、動作がゆっくりになるのは当たり前でしょう。巷では、特に政治の場では「スピード感」なる言葉がもてはやされていますが、それは先述したように、焦りの印です。

私たちに今必要なのは焦ることではなく、むしろどーんと構えて、ゆっくりと時間をかけて「熟議」することでしょう。これまで1年で無理して片付けていたプロジェクトを、5年、10年かけるくらいのつもりでやるのがよいのではないでしょうか。

その一方で、成長期に痛めた部分に手当てをして、傷を癒すことも必要です。

例えば、成長期には、急いでダムや道路や工場や原子力発電所などを作ったので、自然破壊もすごかったですよね。そこで破壊された自然を再生させていく活動に、力とお金を注いでいくのはどうでしょうか。

それに現代では、会社の業績を無理やり上げるために、働く人の賃金が削られたり労働条件が下げられたりしています。だから働いているのに貧乏から抜け出せないような人がたくさん生じています。

そういうのも、もうやめたほうがいい。だって、働く人が元気をなくしていったら、日本は余計に元気を失っていきますよ。企業や経済を無理やりに成長させようとするのではなく、働く人がまともに生活できるようなやり方に方向転換すべきだと思います。

経済成長しないということは、全体のパイが大きくならないということです。であるならば、そのパイをみんなでうまく分け合うことを考える必要があるのです。

つまりこれからの時代には、
「競争」よりも「協働」が重要になります。
「収奪」よりも「支え合い」が重要になります。
「量」よりも「質」が重要になります。
「大きいこと」よりも「小さいこと」に価値を見出す必要があります。

そしてそれはそのまま、「転換期を若い人が生き延びるための知恵と技術」になり得ると思うのです。

社会に力がついたと言えるとき

鷲田清一

鷲田清一（わしだ・きよかず）

１９４９年、京都府生まれ。京都大学大学院文学研究科博士課程修了。大阪大学教授、大阪大学総長などを歴任。現在、京都市立芸術大学理事長・学長、せんだいメディアテーク館長。哲学・倫理学を専攻。89年『分散する理性』（のち『現象学の視線』に改題〔講談社学術文庫〕）と『モードの迷宮』（ちくま学芸文庫）でサントリー学芸賞、２０００年『「聴く」ことの力』（阪急コミュニケーションズ／ちくま学芸文庫）で桑原武夫学芸賞、12年『「ぐずぐず」の理由』（角川選書）で読売文学賞を受賞。他の著書に『ちぐはぐな身体』（ちくま文庫）、『「待つ」ということ』（角川選書）、『〈ひと〉の現象学』（筑摩書房）、『おとなの背中』『「自由」のすきま』（共に角川学芸出版）、『パラレルな知性』（晶文社）、『しんがりの思想』（角川新書）、『哲学の使い方』（岩波新書）、『まなざしの記憶』（写真・植田正治、角川ソフィア文庫）などがある。

想像しなかった負の可能性

難民？　難民といえば、昨今なら遠いシリアのこと、難民がめざしているヨーロッパのことを思い浮かべますが、じつはわたしたちもまた難民になる可能性に思いいたった経験があります。二〇一一年三月、東日本大震災時に起きた東京電力福島第一原発事故に際してです。あのとき多くの周辺住民の方たちが避難を余儀なくされ、いまも元の場所に戻れずにおられますが、東京でも浄水場が汚染され、さらに飲料、電池その他の常備品がコンビニエンスストアの棚から消え、交通網も寸断されて、大勢の人たちが、避難を、疎開を、移住を採るべき選択肢の一つとして真剣に考えました。

それだけではありません。遠く離れた西日本の人たちでさえ、もし西日本でおなじ原発の「苛酷事故」が生じれば、東日本へも移住できず、国外へ脱出せざるをえない可能性が一瞬であれ頭をよぎったはずです。そう、日本列島に住む者が難民になる可能性です。

海外に行くときに持つ、というかそれがないと他国へは入れないパスポートというものをあらためてよく見ると、冒頭に次のような文章が記載されています――

「日本国民である本旅券の所持人を通路故障なく旅行させ、かつ、同人に必要な保護扶助を与えられるよう、関係の諸官に要請する。日本国外務大臣」

この旅券を持つ人物の「ひと」としての基本的権利を保障するようにとの要請が、一国の大臣の名で記載されているのです。基本的人権というものは「国民」としていずれかの国家に登録されているかぎりでのみ保障されるという逆説が、ここに書きとめられているわけです。ひとは国家への帰属を外れれば、同時に「ひと」としての権利も失ってしまいます。そしてその国のなかに居場所をもつことを許されずに、そこを脱出するほかなくなった人びとは「難民」（もしくは流民、棄民、避難民、displaced persons）と呼ばれます。いうまでもなくその大半は政治的な動乱を理由とするものですが、福島での原発事故は、わたしたちが事故や災害によっても「難民」となりうることを思い知らせたのでした。

福島での原発事故はこのように、これまでほとんどの人が想像しなかった負の可能性にわたしたちを直面させました。それは、国土の何分の一かが「死の大地」になる可能性であり、事故が続発すれば、ついに国土を去らねばならない、そんな可能性でした。

ただ、原発事故については、これを迫害や被害と言ってすますわけにはゆきません。それはわたしたちが長らく望んできたことの帰結としてあるからです。じっさい、この事故については、その可能性を地道にずっと言いつづけてきた人たちがいました。が、大半の人びとは、《便利さ》と《快適さ》ばかりを求め、それに随伴する見たくもないものは見ないようにし、そうした警告には耳を傾けないようにしていました。その結果として、まさにその見たくないことが発生し、取り返しのつかない仕方で現実になってしまったのです。

不快な感情や苦痛な感覚を引き起こさせるものを遠ざけておきたい、だからそういう不快を引き起こす可能性のある刺激そのものをあらかじめ全面除去しておこうという動機に突き動かされた、わたしたちの内にある執拗な心的傾向のことを、藤田省三はかつて、「根こぎ」の欲望と呼びました。不安の源泉を一掃しようという思考という意味で、『安楽』への全体主義」とも呼びました。

「安楽」を得たことの代償

わたしたちが享受してきた「安楽」というものは、じつはわたしたち自身のある能力喪失と裏腹なものです。それは、ひとが生き物として生き存《なが》えてゆくために、日々、他の人たちと協同しつつしなければならないこと、たとえば水、食材の調達と調理、排泄物の処理、出産と育児、教育、看病、看取り、防災・防犯、もめ事処理などを、ほぼ全面的に行政や企業が提供するサーヴィスに負うようになっているということです。これらのいとなみは、かつては地域共同体をなす一群の人びとがみずから協同してあたっていたものです。人びとは、社会を「近代的」なものに改造してゆくなかで、それらを一定の社会システムに委託する方式に切り換えてゆきました。調理から医療、教育までそれにあたる専門人材と専門施設とを国家的に養成・設置し、それらによるサーヴィスを、住民たちが税金もしくは料金を支払うことによって享受するかたちにしたのです。一世紀半ほどかけて整備されてきたその過程は、同時に人びとがそれらを自力でおこなう能力を失ってゆく過程でもありました。そうして人びとはいつのまにか、それらを自力で協同しておこなう共同体の構成員から、それらを社会サーヴィスとして消費する「顧客」になりきってしまったのです。

とりわけ第二次世界大戦後七〇年のあいだ、わたしたちは、安心で便利で快適な生活を公共的なシステムにぶら下がることによって得たその代償として、いのちの世話をしあう文化、そしてそれを支える一個人としての基礎能力を、ひたすら削ぎ落としてきたのではないかと思われます。じじつ、現在のわたしたちは、それらの社会サーヴィスが劣化したり機能停止したときに、クレームをつけることはできても、それらを引き取ってじぶんたちでやろうとは思いいたりません。その能力をすっかり失って、じぶんたちの社会生活であるにもかかわらず、その運営の当事者にはもうなれないということです。死活に関わることが消費の対象となること、このことが、無理に関わらなくても生きてゆけるというスタンス、あるいは、うまくゆかなくてもいつでもリセットできるという感覚を、わたしたちの生活感情の淵に淀ませてきたのではないでしょうか。「安楽」、つまりは高度なアメニティを得たことの代償はかくも大きいものでした。

当事者になれずに「顧客」として依存し、また翻弄されるほかないということ、この意味での制御不能は、昨今では、わたしたちの日々の暮らしが「原発」という制御不能なものの上に成り立ってきたということとともに、さらにこのような一国の近代的な社会整備よりももっと大きな文脈のなかにも有無を言わさず置かれるようになっています。グローバルな経済・金融市場です。ヘッジファンドとよばれる巨額の投機的資金と国境を超えて利を漁る多国籍企業とが市場を牛耳る世界経済は、あきらかに「経済」という軌道から逸れています。わたしがここで「経済」というのは、言うまでもなく「経世済民」（世を治め民を済《すく》う）という事業のことです。限られた資源と富の、適切な配分と運用を意味する「経済」は、いまや世界市場での熾烈《しれつ》なマネー・ゲームに、それを制御するすべもなく深く組み込まれています。こういう制御不能なものの上に、わたしたちの日常生活がある。物価や株価の変動も、もろもろの格差や過疎化の進行も、就労環境も、これに煽《あお》られ、左右されるほかないのです。

「自衛」のネットワークを編む

わたしたちの生活の基盤をなすものの、こうした何重もの制御不能という事態を前にして、人びとは暮らしのセイフティネットはもはや国家に期待できないという不安をつのらせているようにおもいます。セイフティネットは自前で準備するしかない、と。

このところ、折りにふれて思い出す言葉があります。数学者の森田真生さんがツイッターで、周防大島の農業者の方から聞いたこととして、次のような言葉を紹介しています。「命に近い仕事ほどお金が動かない」というのです。これはつまり、よいコミュニティというのは本来、消費活動が少ないものだということでしょう。ちょっと助けて、ちょっと手伝ってと言えば、なんとなくだれかの手が伸びてくる。困ったことがあればだれかに教えてもらえる、足りないものがあればだれかに貸してもらえる、用事ができたらだれか子どもを（あるいは介護の必要なお年寄りを）見ていてと頼むことができる……。そういうじかの交換のなかに身を置いている暮らしに、森田さんは注目したのです。

おもえば東日本で地震が起きたあの夜、東京では人びとが何時間もかけて家路につきました。帰宅できない人も数多くいました。けれども、とおもうのです。昼休みに食事をとるために家に帰れないほど隔たった場所で働くというのが、そもそも異様なのではないか。また、帰るべき郊外の集合住宅地に、働く人の姿はほとんどなく、食事や買い物や教育や遊興などのサーヴィスを消費する人ばかりだということ。働く大人のあいだを子どもが走り回り、子どもは大人の働く姿を横目で見、といったことが起こりえない街になっていること。このこともまたひどく歪《いびつ》なことではないのか、と。

職住一致という、生きることのあたりまえの姿にあらためて思いを向けるとき、もう一つ思い浮かぶのが、「複業」という仕事のかたちです。

じぶんの仕事をどこかへの企業への「勤務」として一つに限るのではなく、いくつもの仕事を並行しておこなう。つまり「単業」でも「副業」でもない「複業」。江戸学の田中優子さんにこの「複業」という仕事のあり方について質問したことがあります。すると即座にこんな答えが返ってきました。「江戸の町人ならそんなのあたりまえ。たとえば朝は障子の張り替え、昼から豆腐を売り歩いて、夜は屋台に立つというのが普通のこととしてあった」と言うのです。生計を立てるためにする仕事、それが時代を下り、勤労、つまり会社に勤めることで収入を得るというかたちになって、単一の仕事に従事することがあたりまえになったと。

たしかに、勤労とは一日の大半を生活の場所とは異なる地域で働くことです。そうだとすると、これもまた出稼ぎではないのか。暮らしの場を留守にするミニマムの出稼ぎがいつのまにか仕事の普通のかたちになっていたということなのかもしれません。この過程で起こった二つのことがおそらく重要であるとおもいます。

一つは、人びとが生計を立てるためになすさまざまな活動が「労働」として一括りにされていったこと。働く人が抽象的な「労働力」として、労働市場で選別され、売り買いされるものになったことです。

いま一つは、「勤め」以外の活動が余暇のそれとみなされるようになったこと。なかでも家族を世話し養う「家事」や、家の普請《ふしん》の手伝い、祭の準備など地域での活動が仕事に数え入れられなくなったということです。

この二つが、以後、仕事のあり方、地域の暮らしぶりを大きく変えることになりました。「家業」のような地域に根づいた生業《なりわい》では、男も女も、ひとりの人がいろんな技を身につけていました。仕事の合間に、隣近所の人に、家や備品の修繕を頼むとか、魚を捌《さば》いてもらうとか、さまざまの技術を提供しあうということが、暮らしのあたりまえの光景としてありました。地方の半農半漁の暮らしの中でも、それぞれに塩作りや酒造り、建築や土木の技術を身につけ、その技を交換していた。その技を活かして農閑期には出稼ぎに出たりもしました。ここで注目すべきは、そのことで人びとはおのずから複数のコミュニティに所属することになっていたということです。人びとの結びつきはそういう意味で、勤労と消費を軸とする現代の都市生活に比べ、はるかに流動的であったと言えます。じぶんがここという場所にいる理由、いていい理由、いなければならない理由が、いまよりはるかに見やすかったのです。

そう考えると、現代の若い世代の人たちもまた、「勤労」へと痩せ細っていない「複業」という仕事のあり方を模索し、そしてそれらの仕事をつうじて人びとが多様につながれる回路を、だからまた子どもをいっとき近所の人に預かってもらえるような関係を、じぶんたちの手で編んでゆこうとしていると見ることができるかもしれません。これまでのように何もかも社会システムに依存し、それに委託するというやり方ではこれからはうまくいかない、これからの時代を生き延びるにはそうした社会のシステムに依存するのではなく、「自衛」のネットワークを編んでゆくしかないとのせっぱつまった思いがあるのでしょう。国家が毀《こわ》れても社会は存続する、これは「難民」となる可能性を思い起こしたときにまっさきによぎる思いだからです。

職住一致と「複業」。このようなかつての仕事のかたちを再現するかのような動きに、「納得のゆく」暮らしをあらためてたぐり寄せることのできるような方法の模索を見ることができるようにおもいます。言いかえると、自然や人的資源とも折り合いをつけながら、制御可能な、ということはみずからの判断で修正や停止が可能な、そういうスケールの「経世済民」の事業を軸に、社会を再設計してゆかねばならないという思いです。そこでは、なにか目につきにくい資源、見えないところで役立っているらしい資源へのまなざしもまた膨らみつつあります。いろんな情報交換、いろんなつながりの編み方を、自前で、すなわちじぶんたちでマネージできるような小さな規模で、試しているかのようです。先ほどの周防大島の農業者の言葉に若い人たちが注目した理由もそこにあったのではないでしょうか。

「地方」に賭ける自立性の回復

さまざまな世代のあいだでじわじわと広がる、地方へのUターンないしはIターンの動きもまた、この「複業」思考と無関係ではないとおもわれます。国家は毀れても社会は存続するというときの、その社会の存続の新たなかたちに賭ける行動として見るということです。そういう視点に立ったときに、重要だとおもわれる課題がいくつか浮かび上がってきます。

まず、「地方」という概念の再考です。

「地方《じかた》」という言葉は、現在ではつねに「中央」との対比で口にされます。けれども「地方《じかた》」はもともと「中央」ではなく「町方《まちかた》」に対置される言葉でした。これについては民俗学者の柳田國男の指摘があります。日本の町は、防塁によって囲われたヨーロッパの都市とは異なって、農村部となだらかに、そして頻繁に交通しあうものでした。「都市と農村」という論考のなかで、柳田は、日本の都市が「もと農民の従兄弟」によって作られたという言い方をしています。つまり都市と農村の問題を都鄙《とひ》のそれとして論じるのは不用意だというのです。都鄙として対立するどころか、農村が都市を食料供給のみならず人的にも支えていた。町人のみならず武士の大半もまた農村から移り住んできた者であった、と。

その農村の現代における疲弊について、柳田はこう指摘しました。その主たる原因は「自然に反した生産の単純化」にあると。米田一色といわれる集落にあっても、かつて人びとは大豆や野菜を栽培し、蚕を養い、隣村の茶畑にも働きに出た。また工夫を重ねて、養鶏家や果樹園主、牛乳屋や油屋に転業したりした。が、こうした仕事の大部分は「村外の資本事業に取り上げられ、いわゆる農業の純化は甚だしく生存を狭隘《きょうあい》にした」。そしてこれがその後、柳田の知るところではありませんでしたが、ついに農業自体の放棄へと行きつき、大規模な部品工場や原発の誘致といった地域の産業構造の単純化というかたちをとるまでになったわけです。そして彼はこれを書いた一九二九年の時点で「地方《ちほう》分権」も口にしています。中央市場、中央政府のひも付きから脱却し、農村経済の自立性を回復すべきことをこの語で謳ったのです。現在、Uターン、Iターンというかたちで起こっている移住の動きのなかにも、ナショナルな、さらにはグローバルな産業経済と金融の（もはや経営者ですら制御不能な）システムに翻弄されることなく、じぶんたちの協働によってじぶんたちで制御可能なしくみを構築し、そのなかで安心して暮らし、働きたいという思いが色濃くあるのではないでしょうか。

じぶんが立っている場所を知る

いま一つの課題は「小さな規模」でというときのその「小さな」ということの意味にかかわるものです。藤田省三による『「安楽」への全体主義』への警告については先に述べましたが、こういう警告はいつの時代にもなされたことです。たとえば、一七世紀フランスの思想家、ブレーズ・パスカルのこんな箴言《しんげん》をすぐに思い出します——「われわれは絶壁が見えないようにするために、何か目をさえぎるものを前方においた後、安心して絶壁のほうへ走っている」（『パンセ』）。このように警告はいずれの時代もなされてきたのに、そういう警告すらも忘れてきたのがわたしたちでした。だから、こうした大ぶりな心構えを云々するよりも、それが実現されている場を、どんなに小さなサイズでもいいから、それぞれがそれぞれの身のまわりできちんと創ってゆくということが必要です。

こういう姿勢には一つの真理が宿っているとおもいます。それは、わたしたちが何かを変えようとおもうなら、そういう改革について議論する場そのものが、それをすでに部分的には実現しているのでなければならないということです。たとえば、コミュニケーションのかたちを変えようというときには、コミュニケーションの新しいあり方について語りあう場が、部屋のレイアウトであれ、座席の並べ方であれ、議論の仕方であれ、それをつうじて実現すべきものをすでに実現しているのでなければならないということです。古い会議室では新しい会議のあり方は生まれてきません。

そのうえで、もっと生きやすい場所、もっと見晴らしのいい場所に立とうとするときに、わたしたちが試みなければならないのは何でしょうか。

まずは、じぶんがいま立っているこの場所を知ることです。じぶんの立つこの場所が、どんな歴史をもって形成させられてきて、現にどんな政治的な力線やどんな経済市場の圧力下にあるのかを、きちんと立体視することです。時代を立体視し、そこへといまじぶんたちが立っている場所をきちんとマッピングするには当然、複数の眼が必要です。異なる二つの眼をもつからこそ世界は立体的に見えてくるからです。これを視差《パララックス》といいます。視差は、じぶんの二つの眼のそれであるとともに、じぶんと他者との視角の差でもあります。世界を立体的に見るためのこの視差をより大きくするには、他の人たちの言葉にじっくり耳を傾けること、そして他の人たちが置かれている状況を事細かく想像することが不可欠です。つまりは社会への強い関心、あるいは歴史意識が求められます。そういう歴史意識をもって、他の人たちとの対話のなかに入ってゆくことが大切です。

暮らしのコンテクストを編む

制御不能なものに抗して、「小さな規模」でも制御可能な暮らしのあり方を模索するというとき、もう一つ大事なことは、じぶんたちの暮らしのコンテクストをじぶんたちの手で編んでゆくということです。暮らしのコンテクストをじぶんたちの手で編むというときに、心がけなければならないことはいったい何でしょうか。そのヒントが、次に引く陸上選手と建築家の言葉のなかにあります。

陸上男子四〇〇ｍハードルの選手として、シドニー、アテネ、北京とオリンピックに連続出場した為末大さんはいま、全国各地でスポーツ教育に取り組んでいるのですが、その為末さんから先日、こんな話をうかがいました。ハードルは、都会だと習っている子もいるのでそれなりにうまく跳べる子が多いが、ハードルにぶつかって動きが崩れたときにすっと立てなおす能力は地方の子のほうが上、都会から離れれば離れるほど高くなるというのです。都会の子は運動場や競技場のトラックで練習する。整備されたトラックではそれなりの力を発揮するが、凸凹やぬかるみのある普通の道で足を取られたり、転びそうになったときの回復力に劣る。畦道で練習している田舎の子のような、不測の事態への臨機応変の対応力が育たないというわけです。あらかじめ整地された道路の上を走っているだけでは、どんな不測の事態にも対応できる勁《つよ》い力は身につかないということを言おうとしているのでしょう。

もう一人、建築家の青木淳さんは『原っぱと遊園地』という本のなかで、この二つの遊び場を、対立する二つの建築理念の比喩として用いつつ、おおよそ次のように述べています。「原っぱ」とは、そこで行われることが空間の中身を作っていく場所のこと。「遊園地」とは、あらかじめそこで行われることがわかっている場所のことです。原っぱでは、ともかくそこへ行ってそれから何をして遊ぶか決める。そして建築は、どの行為のための空間を作るかではなく、行為と行為をつなぐものそれ自体をデザインするものでなければならないというのです。文化とは、人と空間との関係が、当初の機能以上に成熟し、その関係から新たな機能が育まれてゆく過程のことだからというのが、青木さんの建築文化についての深い洞察です。原っぱといっても、都会にはビルのあいだの空き地しかありません。けれどもそこに投げ捨てられた空き缶一つでも、それを使ったゲームを考えだし、それで遊ぶことはできます。ここで必要なのはじぶんたちでルールを工夫することと、ありあわせのものでやりくりするということです。そこでは「これ、いける」「これ、使える」といった狩人のような感覚が必要となります。

みずから進んで触媒になる

そして最後に、じぶんの手で他の人たちとの関係のコンテクストを編むには、みずからが進んで触媒的存在にならないといけないということです。じぶんが進んで触媒になるというのは、さまざまな圧力や過去の外傷経験や折り重なった断念のなかで怯《ひる》んでしまい、あるいは何をしてもむだだと諦めてしまい、声を上げられなくなっている人たちに声をかけるということです。声を上げられない人たちとは、「弱い」人、傷つきやすい人のことです。けれども、傷つきやすいとは過敏であるということ、つまりは周りの微細な変化への感度が高いということでもあります。たとえば病む人は、湿度や気圧、匂いや陽射しのちょっとした変化にすぐに気づく。危機が近づく微細な徴候に強い感受性を示します。かつて炭坑で、あるいはオウム事件の捜査でも、先頭はカナリアの籠を下げて前に進みました。停電時には眼の不自由な人がもっともよく案内してくれるように、です。このことの意味をしっかり摑《つか》む必要があります。

北海道の浦河に「べてるの家」という、精神障害という「苦労」をもつ人たちの自助のための施設があります。この町では、当初、施設の設置にかならずしも賛成でなかった人が、時が経ってこんな感想を漏らすようになったといいます。どうしてもご紹介したい文章なので、最後に少し長くなりますが以下に引いておきます――

私たちが、普段の暮らしのなかで忘れてきた、見ないようにしてきた大事なものを、精神障害という病気を通して、教えてくれている人たちなんだね。あの人たちは嘘を言ったりとか無理をしたりとか、人と競ったりとか、自分以外のものになろうとしたときに、病気というスイッチがちゃんとはいる人たちだよね。……私たちの隣に、そういう脆さを持った人たちが居てくれることの大切さを考えたときに、とっても大事な存在だよね。社会にとっても大事なことだよね。

（『浦河べてるの歩みから』同時代プロジェクト）

人を欺こうが、人を蹴落とそうが、人を言葉で傷つけようが病気にならない、そのことの異様さに気づかせてくれる人。その人たちに感謝できるようになってはじめて、右に引いた声があたりに満ちてくるようになってはじめて、わたしたちの社会はすこしばかり力がついたと言えるのでしょう。

＊この文章は、少し前に新聞に寄稿した三つの文章「『弱い』ということの意味」（中日新聞、二〇一五年四月一日）、「『複業』という生き方」（京都新聞、二〇一五年九月二七日）、「『地方《じかた》』という発想」（中日新聞、二〇一六年三月二日）を、大幅に書き換え、書き加えて、一つの論考として再構成したものである。

犀の教室
Liberal Arts Lab

転換期《てんかんき》を生《い》きるきみたちへ
——中高生に伝えておきたいたいせつなこと

2016年7月30日　初版
2025年6月10日　9刷

編　者　内田樹
著　者　岡田憲治、小田嶋隆、加藤典洋、白井聡、想田和弘、高橋源一郎、
仲野徹、平川克美、山崎雅弘、鷲田清一

発行者　株式会社晶文社
東京都千代田区神田神保町1-11
電　話　03-3518-4940（代表）・4942（編集）
URL　http://www.shobunsha.co.jp

印刷・製本　中央精版印刷株式会社

ISBN978-4-7949-6825-8 Printed in Japan